메모의 즉흥성과 맥락의 필연성

인간희극

출발

나는 메모를 부지런히 하는 사람은 아니다. 메모를 잘하면 인생이 바뀐다고 말할 정도의 열정도 없다. 그럼에도 메모에 관한 글을 쓰고자 마음먹은 것은 실용성에만 초점을 맞추면 내 소소한 경험도 누군가에게 조금은 도움이 되지 않을까 하는 생각 때문이었다. 그런데 막상 시작하려니 그 생각조차 주제 넘은 듯하여 부끄럽다. 누군가에게 도움이 된다기보다는 참고가 되기를 바라는 마음으로 간신히 이야기를 시작해 보려 한다. 그리고 편집자로서, 집필을 망설이는 사람들에게 책 쓰는 걸 너무 어렵게만 생각하지 말라며 하던 응원을 내 스스로에게는 처음 해 본다. 되도록 실제적인 내용만 써보려고 하지만 어떤 글이든 화자가 숨어만 있으면 그 맥락이 와닿지 않게 될 염려가 있으므로, 효율적이라고 느껴질 때만 내 감상도 꺼내 쓰려 한다. 이를 테면 나는 정말 즉흥적인 사람이다. 불현듯 떠오른 영감으로 단숨에 써내려갔다는 신화적인 작가들에 아직도 미혹된 사람이다. 편집자로서 이건 굉장한 마이너스다. 막상 현실의 업무를 할 때 늘 후회와 자괴감의 구렁텅이에 빠지게 되기 때문이다. 거기에서 메모가 나를 간신히 건져내 주었다. 그 얘기를 이제 해보려고 한다. 부디 누군가에게 참고가 되길!

I
메모에 대해 하고 싶은 말들

'메모라는 단어'를 생각한다.

'메모'의 유의어를 찾아보면 '적바림', '적요', '적록', '비망록' 등등이 나온다. 적어도 내게는, 익숙하지 않거나 쓰임새가 다른 단어들로 느껴진다. 한때 이런 단어들이 서로 경쟁하던 시기가 있었을 것이다. 그중 외래어인 '메모'가 가장 일상적인 말이 될 수 있었던 배경은 무엇일까? 분명 이 단어를 선호하는 문필가, 언론인, 번역가, 아니면 유명인이 있었을 것이다(혹은 인기 있는 상품명에서 유래했을 수도 있다). 일례로 '아르바이트'라는 독일어는 일본에서 '시간제 근무'라는 뜻이 덧붙여진 후 우리나라로 유입되어 사용되기 시작했고, 1980년대 한 텔레비전 코미디 코너에서 특이한 리듬과 율동을 곁들여 자주 반복되는 바람에 이후 세대에게도 완전히 각인되었다(지금은 '알바'라는 줄임말로 더 많이 사용된다). 그런데 '메모'는 훨씬 더 오래전부터 통용된 단어라서 그 사용이 광범위해진 계기를 특정하기 어렵다. 우리나라 역사에서 가장 체계적인 문필가로 손꼽히는 다산 정약용의 글쓰기 비법을 설명할 때 언급되는 둔필승총(鈍筆勝聰: 서투른 기록이 총명함을 이긴다), 수사차록(隨思箚錄: 수시로 떠오르는 생각을 적다), 초서(抄書: 필요한 부분을 추려서 적다) 등에서 적당한 단어를 뽑아낸 사례도 있었을 테지만 결과적으로 그 어떤 것도 '메모'라는 단어를 이겨내지는 못했다. '메모'의 어원이 라틴어 'memoro(잊지 말고 기억해야 할 것)'라는 점에서 볼 때 '비망록(備忘錄)'이 가장 유사한 단어일 텐데 이 단어에는 왠지 굉장한 비장함이 느껴져서 두툼한 책 제목에나 어울릴 듯싶다. 아무튼 어떤 단어들의 대결에서 '기억'을 암시하는 단어가 우리의 언어 생활에서 압승을 거두었다는 사실은 부정하기 어려울 것이다. 단어의 어원과 역사를 파악하는 일은 고차원적인 조사와 연구를 바탕으로 해야 하며 이 책의 범위를 한참이나 벗어난 주제다. 그럼에도 다소 장황하게 얘기해 본 것은 '기억'이라는 정신 작용을 바로 연상케 하는 '메모'라는 단어로 가장 많이 지칭되고 있는 어떤 행위에 대해 본격적으로 생각해 보기 위한 워밍업이라 하면 좋을 것 같다. 우리는 언제부터 기억을 외부 기록에 의존하게 되었고, 그 비율은 어느 정도가 적절하며, 그 의존이 심화되면 어떤 일이 벌어질까? 이런 문제에 대한 호기심은 예상한 것보다 훨씬 의미심장한 세계로 우리를 이끌 것이다. 메모에 대해 꽤나 관심을 쏟아본 사람이라면 한 번쯤 들어보았을 '제텔카스텐(메모 상자)', '세컨드 브레인'과 같은 개념도 모두 이 주제에서 발생했다 해도 과언이 아니다.

'메모라는 행위'를 생각한다.

역사상 인류는 무슨 내용을 가장 많이 메모했을
까? 아마도 전화번호? 그럼 전화가 등장하기 이전
에는? 어떤 사람의 주소일 수도 있고, 더 거슬러
올라가 문자가 등장하기 이전에는 강이 범람했던
당시의 물높이를 바위에 남긴 표식도 일종의 메모
라 할 수 있을 것이다. 전화번호, 주소, 어떤 표식
등 메모의 대상들은 나중에 쓸 일이 생길 것 같은
데 자칫하다가는 잊어버릴 수도 있는 것들이며 그
것이 메모라는 행위의 가장 기본적인 동기라고 해
도 큰 무리는 아닐 것이다. 따라서 잊어버리면 큰
일 난다는 두려움의 강도가 셀수록 메모의 절실성
은 커지고 그 보관 또한 중대한 문제가 된다. 전화
번호를 적은 메모 한 장을 잃어버려 인연이 영영
끊겨버린 사람은 얼마나 많았을 것이며, 기억만 믿
다가 크든 작든 낭패를 당한 경우는 얼마나 더 많
았을 것인가? 그런데 언제부턴가 이런 절절한 사연
들은 점점 사라져 서로의 마음을 전할 방법을 찾
지 못해 이리저리 뛰어다니는 연인은 옛날 영화 속

에서나 추억할 뿐이다. 텍스트뿐만 아니라 사진, 영상, 음성 등 모든 정보를 즉각 저장할 수 있는 스마트폰이 보편화된 지금, 우리는 기억에 그렇게 얽매이지 않게 되었다. 더구나 내가 직접 메모하지 않아도 수많은 사람들이 온라인상에 올려놓은 정보들로 내 기억을 보충할 수 있게 되면서 우리의 생활은 기억보다는 검색의 단계로 넘어간 지 꽤 되었다. 그럼 기억의 가치는 이제 점점 희미해질 것인가? 아니다. 다만 방향이 살짝 달라졌을 뿐이다. 우리는 이제 무엇을 검색해야 할지 기억해야 하는 것이다. 또한 정보 그 자체보다는 어떤 정보에 대한 감상이나 그 정보에서 파생된 나만의 생각을 메모하는 데 더 집중할 수 있는 환경 속에서 살게 되었다. 평소에 전혀 메모를 하지 않는 사람, 반대로 일기처럼 자기 생각을 꾸준히 정리하는 사람이라면 이와 같은 환경 변화에 그다지 영향을 받지는 않을 것이다. 그냥 살아온 대로 살면 그만이다. 다만 어떤 정보든, 어떤 생각이든 '종종' 메모하는 습관이 있는 사람이라면 이 책을 읽는 지금 이 순간이 의미심장한 분기점이 될 수도 있다. 앞서 말한,

살짝 달라진 방향이 처음에는 별거 아닌 것처럼 보이겠지만 시간이 지날수록, 메모가 쌓여갈수록 엄청난 결과의 차이가 될 것이기 때문이다. 포털 사이트의 기사에 인상적인 댓글들을 달아 '댓글 시인'이란 별명이 붙으며 점점 유명세를 얻더니 책까지 출간하게 된 어떤 사람의 사례를 생각해 보자. 각종 SNS를 통해 소위 인플루언서가 되어 책을 출간하는 사례는 숱하게 많아지고 있지만 유명해지기 위한 수단으로 댓글을 활용하는 경우는 상상하기 어려우므로 이 '댓글 시인'에게는 처음부터 의도성은 없었을 것이다. 유명해지겠다는 의도성이나 이 댓글을 한데 모아 책으로 내겠다는 의도성 둘 다 말이다. 그저 다른 수많은 사람들처럼 인상적이었던 뉴스에 자신의 감상을 몇 줄의 글로 적었을 뿐이다. 댓글 하나를 쓰기 위해 얼마나 시간을 들였는지는 몰라도 그런 행위가 '즉흥적'이었다는 점은 부정하기 어려울 것이다. 그런 즉흥성이 모여 탄생한 결과물은 단숨에 길게 써내려간 글과는 또 다른 면에서 매혹적이다. 메모라는 행위는 이제 기억의 보조라는 기능에서 더 나아가 문득문득 떠

11

오르는 생각의 조각들이 어떤 맥락으로 한데 뭉쳐질 수 있도록 안내하는 기능을 도맡아야 한다. 어떻게 그럴 수 있을까? 그것이 이 책이 전하려는 핵심이다.

'메모하는 순간'을 생각한다.

무엇을 적는 행위를 말할 때 '메모'만큼 많이 쓰는 단어는 '노트'가 아닐까 한다. 사람마다 언어에 대한 감각이 다르겠지만 나에게 노트는 메모보다 꽤 길게 적는 것을 생각하게 된다. 그런데 영어사전을 찾아보면 '메모'는 다른 누군가에게 전달하려는 목적이 포함된 글을 지칭하고 '노트'는 애초에 다른 사람을 염두에 두지 않고 자기 자신의 생각을 정리하는 글이란 뉘앙스가 있다고 한다. 실제로 '제텔카스텐(zettelkasten: 독일어로 메모 상자를 뜻함)'과 같은 개인적인 지식 관리 시스템을 소개하는 원서들을 보면 메모와 노트를 혼용해 쓰면서도 '노트'가 좀 더 많이 등장하는 것 같다. 그럼에도 이 책에서는 '메모'란 단어만을 주구장창 사용할 것이다. 앞서 말한 대로 '노트'는 꽤 길게, 그리고 어떤 맥락을 가지고 쓰는 글이란 이미지가 강하기 때문이다. 또한 그 맥락이란 내 생각의 맥락이 아니라, 지금 수업을 듣고 있는 어떤 강사의 맥락, 혹은 읽고 있는 어떤 책의 맥락을 그대로 따르는 경우가 많다. 우리가 흔히 말하는 '필기'라는 말이 노트 뒤에 자주 붙는다는 점이 이 사실을 방증한다. 다른 사람의 맥락을 따라쓰는 것도 자신의 생각을 찾아가는 훌륭한 연습법이므로 평소에 노트 필기를 잘하는 사람은 굳이 새로운 메모법을 찾아 헤맬 필요는 없다. 말하자면 평소에 긴 글을 거뜬하게 쓸 수 있는 연습이 되어 있는 사람은 메모를 단순히 기억의 용도로 사용하면 그만일 것이다. 대신 이것 저것 아이디어는 많고 여기저기 써놓은 메모도 많지만 막상 어떤 주제에 대해 각 잡고 써보려고 하면 아무리 메모를 뒤져도 도통 맥락이 떠오르지 않는 사람들은 잠시 멈춰 방법론에 대해서 생각해 볼 필요가 있다. 이 지점에서 이 책에서 말하려는 '메모'는 어떤 것인지 한번 정의를 내리고 넘어가는 것이 좋을 듯싶다.

메모: 즉흥적으로 떠오른 어떤 생각을 맥락에 구애받지 않고 일단, 무조건 적는 것.

메모하는 순간은 어쨌든 혼자만의 세계에서 불현

듯 아이디어가 떠오를 때이다. 직업이 철학자라면 하루 종일 그 생각을 파고들 수 있겠지만 우리 같이 평범한 사람들은 생계가 달린 일을 이것저것 처리해야 하니까 일단 허겁지겁 적어놔야 한다. 아이디어가 강렬하면 안 적어놔도 기억이 나겠지 하는 안일한 생각이야말로 그대로 망각해도 좋다. 아이디어가 강렬하면 강렬할수록 오히려 무조건 적어놔야 나중에 머리를 쥐어뜯는 자학의 시간을 피할 수 있다. 그런데 우리는 그 메모를 언제 다시 찾게 될까? 메모를 할 때 '이 메모는 한 3일 정도 뒤에 다시 봐야 되겠군' 같은 계획을 세우는 사람이 있을까? 다른 일을 하다보면 정말 까맣게 잊어버리게 되는 수많은 생각들 중에서 수첩에 볼펜으로든, 메모 앱에 자판으로든 손을 놀리는 번거로움을 무릅쓰게 하는 생각이라면 나중에 써먹을 수 있겠다거나, 평소에 늘 관심을 가지고 있던 주제와 관련이 있다거나 하는 동기가 분명 있을 것이다. 그러나 그 나중이 언제인지, 관심 있는 주제와 구체적으로 어떻게 연관되는지 생각할 겨를 없이 우리의 메모는 순식간에 종료된다. 이런 즉흥성이 메모의 묘미

이자 한계라고 할 수 있다. 기억이라는 것은 묘해서 서로 상관 없는 듯한 것들 사이에서도 떠오르기 마련이다. 우리가 혼자 공부할 때보다 유명 강사의 수업을 들을 때, 그리고 스터디그룹을 만들어 여러 사람과 함께 공부할 때 더 효율이 오른다고 느끼는 이유도 부분적으로 이런 상관 없는 기억의 고리들이 풍부해지기 때문이다. 강사의 독특한 억양, 비오는 날 강의실의 눅눅한 느낌, 스터디하면서 마셨던 차의 향 같은 것을 떠올리다 보면 도통 생각나지 않던 어떤 단어가 낚시바늘에 걸리듯 건져올려지기도 하는 것이다. 우리는 지난 메모를 다시 마주쳤을 때 그 내용 자체보다도 '내가 왜 이걸 적어놨지?'하는 의문에 대한 답이 도저히 떠오르지 않는 경우가 많다. 전화번호만 적혀 있고 누구 번호인지는 적혀 있지 않은 상황에 비유할 수 있을 텐데, 전화번호는 누구의 번호인지는 알 수 없어도 아무튼 나중에 전화 걸 일이 있을지도 모르니 적어 놨을 거라는 사실은 아무 단서 없이 알 수 있다. 반면 한번 잊혀진 어떤 생각의 조각들은 그 맥락을 떠올리기가 여간 어려운 것이 아니며, 생각의 조각들이 많으면 많을수록 그 어려움은 더할 것이다. 그래서 혼자하는 이 메모란 행위에도 강의실이나 스터디룸에 가는 것과 유사한 기억의 고리들을 마련해 두어야 한다. 한 가지 예를 들어 보자.

어느 날 갑자기 별이 사라진다 해도 그 별이 남긴 빛은 우주 공간을 계속 여행한다.

책상 서랍 속에서 문득 이런 쪽지가 나왔다고 해보자. 글씨를 보니 내가 쓴 건 맞는데 왜 이런 메모를 써놨는지 도통 기억나지 않는다. 되뇌어 읽어보다가 그냥 취기에 시 한 구절 끄적거렸나 보다 하며 넘어 갈 수도 있을 것이다. 그런데 과거의 내가 기특하게도 메모 귀퉁이에 다음과 같은 한 가지 단서를 적어 놓았다고 해보자.

어느 날 갑자기 별이 사라진다 해도 그 별이 남긴 빛은 우주 공간을 계속 여행한다. #물리학 문제

일단 내가 무슨 감상에 젖었었나 하는 오해에서는 단번에 벗어날 수 있다. 그리고 '물리학 문제'라는 단서를 더욱 더듬어 보니 서너달 전쯤 챗GPT를 시험해 보려고 이런저런 질문을 하던 일이 떠오른다. 문득 지구에서 몇 백 광년 떨어진 어떤 별이 서서히 소멸하는 것이 아니라 순간이동 하듯 갑자기 사라지면 어떻게 될까 궁금해진 나는 빛은 연속되어 있으니까 광원이 순식간에 사라지면 거리가 아무리 멀어도 지구에서 바로 알 수 있지 않을까 하는, 이과생들은 환장할 논리로 챗GPT와 한참 실랑이를 했다. 그러다가 내 오류를 스스로 납득하게 만드는 문장을 적어 놓은 것이 바로 그 메모였던 것이다. 챗GPT에게 이렇게 설명하면 되지 않냐고 물어보니 정확하다는 답을 들어서 뿌듯했던 기분까지 다시금 떠오른다. 한 줄의 단서로 나는 서너 달 전 내 머릿속을 완전하게 되살리며 메모의 맥락을 해결한 것이다. 이로써 메모의 즉흥성은 영영 뇌리에 남는 문장이 되었다. 이것은 결코 사소한 차이가 아니다. 당신의 모든 메모가 이런 문장이 될 수 있다면 그 활용 가치는 무궁무진해진다.

당신이 학자나 작가가 아니더라도 당신의 메모는 미래의 역사학자에게 훌륭한 사료가 되어 줄 것이다. 아무나 기록을 남길 수 없었던 시대에는 사료 자체가 부족했고 남아 있는 사료는 주로 기록을 남길 수 있는 힘을 지닌 승자의 것이었으므로 나머지 영역은 상상과 추측의 영역이었다. 그러나 아날로그든 디지털이든 누구나 방대한 기록을 남길 수 있는 지금의 시대는 후대에 사료의 과다가 오히려 문제가 될 것이다. 그 가운데 기억의 연결고리를 잊지 않고 적어놓은 당신의 메모는 모든 역사학자들의 추앙을 받으며 박물관에 보관될지도 모른다. 앞서 예시로 들었던 '댓글 시인'에 대해 다시 살펴 보자. 즉흥적인 감상이었던 몇 줄의 글들이 모여 하나의 책이 될 수 있었던 건, 물론 사람들을 감탄하게 할 만한 작가의 감수성 덕분이었을 것이다. 하지만 포털 사이트의 댓글창이라는 환경이 자연스럽게 마련해 준 기억의 고리가 아니었다면, 아름답기는 해도 그저 생각의 조각들로 흩뿌려졌을 것이다. 그 고리란 기사의 날짜, 기사의 섹션, 그리고 사건의 내용 등이다. '댓글 시인'의 즉흥성이 어떤 맥락을 획득한 것은 우연일까? 필연일까? 이것은 본인만 할 수 있는 대답이겠지만 우리는 막연한 우연에 기댈 필요가 없다. 메모를 허겁지겁 마무리짓지 말고 스스로에게 몇 가지 질문을 하는 수고를 하면 우리의 메모에 필연적인 맥락을 선사할 수 있다. 사실 수고라고 하기에도 민망한 아주 작은 습관일 뿐이다. 그러나 아주 작은 습관이 어떤 차이를 만들어내는지 증언하는 책과 사람은 차고 넘친다.

이제 주제 넘는 개론은 간신히 끝마쳤다. 구체적인 예시를 내놓지 않으면 이 어설픈 개론마저도 아무짝에 쓸모 없는 생각의 조각이 될 것이다. 지금부터는 내가 실제로 하고 있는, 적어도 나에겐 효율적인 프로세스가 되어 준 메모 습관을 제시해보려한다.

II

게으른 편집자의 메모법

단행본 편집자의 보도자료 쓰기

출판사에 입사하여 책을 만든 지 20년이 살짝 넘은 지금 시점에서 제일 먼저 떠오르는 생각은 '참 발전이 없었구나'하는 자괴감이다. 한 권의 책을 만드는 일에는 매번 우여곡절이 있고 출간된 이후에야 발견되는 미진한 부분들이 있다. 사실 어떤 원고를 담당하게 되는 그 순간부터 편집자는 그 원고의 노예로 살아야 한다. 잠시 쉬어보려고 해도 잘 다듬어지지 않는 한 문장이 머릿속에 계속 맴돌고, 디자이너와 작업 조율을 할 때면 수많은 수정사항들을 슬며시 내밀며 늘 조마조마하게 된다. 그렇게 빨간 볼펜으로 어지럽게 얽혀 있어 흔히 '딸기 밭'으로 불리는 교정지 속을 헤쳐나가다 보면 간신히 출간이라는 출구가 보이기 시작한다. 부끄러운 고백이지만, 이제는 완벽함을 추구하기보다는 이 정도면 큰 문제는 생기지 않겠지라고 생각되는 어떤 선을 겨우 넘을 뿐이다. 이렇게 지칠 대로 지친 상태에서 모든 게 마무리되면 좋으련만 편집자에겐 꽤나 골치 아픈 관문이 남았으니 바로 '보도자료'를 쓰는 일이다. 나는 보도자료 쓰는 게 정말 싫었다. 어쩌면 마감이 즐겁지 않았던 이유도 이 보도자료 쓰기가 남아있다는 걸 늘 염두에 두고 있었기 때문일 것이다. 열심히 교정을 볼 때는 힘들긴 해도 온전히 몰입되는 순간이 오면 희열 같은 것이 느껴지는데 그것도 잠시, 문득문득 떠오르는 '잘 팔려야 될 텐데'하는 홍보에 대한 압박은 불쾌한 통증처럼 잊을 만하면 옆머리를 쿡쿡 찌르게 된다. 출간을 앞둔 시점에서 책에 대해 가장 많이 알고 있는 편집자가 작성하는 경우가 대부분인 '보도자료'는 홍보를 위한 첫 단추로 굉장히 중요한 작업임에도 편집자가 가장 지친 상태에서, 그리고 솔직히 이제는 책 내용이 지겨워진 상태에서 찾아오는 것이다. 내 경우에는 인쇄소에 파일을 넘기고 책이 제작되는 1~2주간의 시간 동안 꾸역꾸역 이 업무를 했었던 것 같다. 이제는 다시 보기도 싫은 원고를 들춰 보면서 독자들에게 어필할 수 있는 문구를 찾아 메인 카피를 만들고 책의 내용이 한눈에 들어올 수 있도록 정리하여 '출판사 서평'을 쓰는 것은 매번 하는 일임에도 여간 고역이 아니었다.

그런데 너무 하기 싫으니까 저절로 꾀가 생기기 시작했다. '보도자료'의 틀을 잡는 일이 교정을 보는 동안 떠올랐던 생각들을 더듬어가는 과정임을 깨닫는 순간, 다음에 교정 볼 때는 보도자료에 대한 어떤 생각이 떠오를 때마다 귀찮더라도 꼬박꼬박 '메모'를 해두자는 굳은 결심을 하게 된 것이다. 처음에는 교정이라는 헐떡이는 업무 와중에 곁다리 과정이 생긴 것 같아 부담스럽기도 했고 가끔 깜빡하기도 했지만, 언제나처럼 아무것도 준비되지 않은 상태에서 보도자료를 써야 하는 순간이 찾아오면 게을렀던 과거의 나에게 분노를 느끼며 다음에는 기필코 떠오르는 생각을 하나도 놓치지 않고 메모해 두리라 다짐하기를 수차례, 어느 순간 나에게도 습관이라는 게 생기기 시작했다. 그리고 시행착오를 겪으면서 몇 가지 단순한 규칙도 생겼다.

1. 메모 끝에는 반드시 저자명과 보도자료용이라는 표시를 한다.
2. 인용인지 내 의견인지 구분해 놓는다.
3. 생각의 선후 관계를 위해 교정 횟수를 적는다. 그 밖에도 나중에 찾을 때 필요하겠다 싶은 단서들은 다 적는다(예: 목차, 지은이 소개 등등).

어떤 노래 가사처럼 습관이란 게 정말 무서운 것이어서 지금은 내가 메모를 해두었다는 사실도 의식하지 못한다. 보도자료를 써야지 생각하고 메모 앱을 열어보면 다른 누가 거져 준 것처럼 어느 정도 메모가 쌓여있음을 확인할 뿐이다. 그럼 이제 그 메모들을 추려놓는 것만으로도 보도자료의 기본 틀은 자동적으로 마련된다. 물론 새롭게 떠오르는 아이디어와 주변 의견도 반영해야 하고 좀 더 완성도를 높여야 하지만 그렇게 손쉽게 틀이 마련되어 있다는 것이 얼마나 든든한지 모른다. 또한 이 보도자료를 위한 메모 습관이 '왜 나는 발전이 없을까'하는 자괴감에서 살짝 벗어나게 해주기도 한다. 이런 내용이라면 누군가에게 조금이나마 도움이 되지 않을까 하는 생각에 이르러 이 책을 쓰게 되는 원동력도 되었다. 더불어 이 책의 내용도 글쓰기에 관한 책들을 편집하면서 떠오른 생각들을 적어 놓은 메모에 상당 부분 기대고 있다.

모든 것은 독후감으로부터

한 권의 책이 출간될 때까지 편집자는 원고를 몇 번이나 읽게 될까? 일하는 방식에 따라 다르겠지만 나는 적어도 세 번은 통독하게 되는 것 같다. 후반 교정 작업에서는 내용에 몰두하는 것이 오히려 오탈자를 발견하는 데 방해가 되기 때문에 문장이나 단어가 아닌 글자 하나하나를 기계적으로 훑게 된다. 따라서 한 명의 독자로서 원고를 대해게 되는 것은 초반 세 번의 정독을 통해서이다. 이때 원고에 대한 이런저런 생각이 떠오르기 마련인데, 어찌보면 '보도자료'는 편집자의 '독후감'이라고 해도 틀린 말이 아니다. 학창 시절을 생각해보면 뭘 베끼는 것이 아니라 내가 직접 글이란 걸 써야 한다는 압박감을 느끼게 한 최초의 경험은 독후감 숙제였던 것 같다. 일기와는 전혀 다른 느낌이었던 이유는 일기는 아무리 못 써도 거리낄 게 없었지만 독후감은 내가 책을 제대로 읽었는지 확인을 받아야 하는, 그러니까 어떤 평가를 받아야 하는 작업으로 인식되었기 때문이다. 단행본 홍보를 위한 '보도자료' 또한 일간지나 잡지 등의 언론사와 온오프 서점에 출간 소식을 알리면서 편집자가 이 책에 대해 설명하는 프레젠테이션에 다름 아니다. 일종의 비대면 프레젠테이션이라고 할 수 있는 이 작업을 통해 판매에 큰 도움이 될 서평 기사가 나기도 하고, 인터넷 서점 판매 페이지에서 독자들이 구매버튼을 누르게 하는 데 중요한 역할을 할 홍보문구가 나오기도 한다. 편집자는 그렇게 이메일로, 그리고 신간릴리스 대행업체를 통해 보도자료를 보내 놓고 다가오는 토요일 각종 일간지의 북섹션 기사를 조마조마 기다린다. 온라인 서점 같은 경우는 출판사에서 보낸 보도자료를 고스란히 판매 페이지에 올려두는 경우가 대부분이고 어떤 서점은 문장 순서를 바꾼다거나 문투를 바꾸는 등 살짝 가공을 하기도 한다. 신문 기사는 기자의 취향에 따라 책에 대한 관점이 다채로워지기 마련이다. 신간소식 같은 단신이 아니라 반갑게도 꽤 긴 서평이 될 경우에는 보도자료에 써놓은 연락처를 통해 추가적인 질문이나 자료 요청을 받는 경우도 있는데, 그런 경우에도 기본적으로는 보도자료를 토대로 기사를 작성하기 때문에 편집자는 자신이 쓴 글에서 어느 부분이 기사에 활용됐는지 확인할 수 있다. 출판업에 관심이 있는 사람이 아니라면 꽤 장황하게 들릴 특정 업무 과정을 이렇게 늘어놓는 이유는 이 '보도자료'라는 것이 최근 주목받고 있는 개인지식관리, 혹은 책 출간 등의 목적성이 있는 글쓰기에 대한 효과적인 예시가 될 수 있겠다는 생각 때문이다. 우리는 주로 책을 읽으며 지식을 쌓게 된다. 책을 읽지 않는다고 해도 각종 매체의 보도나 인터넷 커뮤니티의 게시물, 그리고 유튜브 영상 제작을 위한 스크립트 등 결국 모든 지식의 기반은 텍스트다. 그런데 텍스트는 우리의 뇌 속에 그대로 흡수되지 않는다. 자신만의 언어로 가공해 놓지 않은 텍스트는 피부에 닿은 알코올처럼 잠깐 머물다 증발해 버릴 뿐이다. 따라서 무언가를 읽고 자신의 감상을 써두는 사람과 그냥 허겁지겁 다음 읽을 거리를 찾는 사람 사이에는 시간이 지날수록 엄청난 격차가 생기게 된다. 학창 시절 꽤나 귀찮은 숙제였던 독후감이 생각보다 훨씬 더 의미심장한 학습 목표였던 것이다. 여기서 좀 더 디테일하게 나아간다면 책을 읽은 후 뿐만 아니라 읽는 도중에도 적극적으로 자신의 생각을 담은 독'중'감을 계속 남겨야 한다. 다산 정약용이 '눈으로 읽지 말고 손으로 읽어라'고 한 의미가 여기에 있다. 자, 이제 드디어 실전이다.

교정 단계별 실제 메모 1

제목: 여론 굳히기(원제: Crystallizing Public Opinion)
저자: 에드워드 버네이스 / 옮긴이: 강예진
출간일: 2022년 5월 20일

〈1교〉

1교의 중요성에 대해서는 거의 모든 편집자들이 공감할 것이다. 원본이든 번역본이든 잘 쓴 글은 보자마자 딱 느낌이 온다. 특별히 수련하지 않아도, (그리고 자신의 글솜씨와는 별개로) 웬만한 한국어 네이티브라면 능숙한 심사위원처럼 잘 쓴 글을 직감적으로 알아챈다. 심사위원들이 짧은 시간 안에 수많은 응모작들 중에서 딱 하나의 당선작을 뽑아내듯이 편집자도 앞으로 꽃길을 걸을 것인지 고생문이 휜히 열렸는지 이 1교라는 첫 만남에서 이미 알아채게 된다. 원고의 상태가 좋으면 바로 본문 레이아웃을 잡고 출력해서 교정을 보기도 하고, 그렇지 않으면 파일상으로 수정하게 된다. 광범위한 수정이 필요하다고 생각되면 저역자와 반드시 먼저 상의하는 게 좋다.

메모1

"여론의 미래는 문명의 미래이다. 여론의 힘은 지속적으로 증가하고 있으며 계속 증가할 것이 확실하다."(인용) 이 문구 정말 좋다. 1923년에 출간된 이 책이 현재 시점에도 의미가 있다는 점을 강조할 때 인용하자.(의견) #에드워드_버네이스 #1교 #보도자료

메모2

"우리는 공화당에 투표한 이유가 선거 운동의 쟁점을 신중하게 고려하고 냉혹한 판단을 기반으로 결정을 내렸기 때문이라고 진심으로 생각할 수도 있다. 실제로는 우리가 공화당에 투표한 것은 1년 전

에도 그렇게 했기 때문이거나, 다소 모호하더라도 공화당의 공약에 우리 내면의 깊은 정서적 반응을 불러일으킨 내용이 포함되어 있기 때문이거나, 우리가 좋아하지 않는 이웃이 민주당 지지자이기 때문일 가능성이 높다."(인용) 다가오는 우리나라 지방선거에서 이 문구를 독자에게 어필할 방법을 생각해 볼 것!(의견) #에드워드_버네이스 #1교 #보도자료

메모3

내용이 전반적으로 무척 날카롭다. 시대적인 배경을 감안하더라도 현재에 그대로 적용되는 부분이 계속 나온다. 과연 명불허전 에드워드 버네이스! 마키아벨리의 군주론처럼 누구나 외면하고 있지만 누구나 감지하고 있는 현실! 이 부분을 계속 살펴보자. (의견) #에드워드_버네이스 #1교 #보도자료

메모4

괴벨스가 이 책을 읽으면서 무슨 생각을 했을까? 원고를 보며 이 생각이 떠나지 않는다. 여론은 정

말 강력한 무기다. 악한 사람이 이 무기에 다시는 통달하지 않기를 바라는 수밖에...(의견) #에드워드_버네이스 #1교 #보도자료

〈2교〉

편집자 스스로 1교가 만족스러웠다면 2교는 물 흐르듯 진행된다. 가끔 1교에서 발견하지 못한 엄청난 오류가 발견되어 자기신뢰에 치명상을 입기도 하지만, 전체적인 구성과 문장에는 이상이 없다는 확신이 있다면 작업 자체는 그리 괴롭지 않다. 슬슬 이 책을 어떻게 홍보해야 할까 하는 고심에 비중을 두어야 할 때다.

메모1

유튜브에서 에드워드 버네이스의 인터뷰 영상 발견! "당신이 나를 '박사'라고 불러주면 사람들은 나를 더 믿게 될 거예요."(인용) 고령의 나이에도 여전히 총기 있는 모습이 인상적이다.(의견)
#에드워드_버네이스 #2교 #보도자료

<u>메모2</u>

국내에서 출간된 에드워드 버네이스의 책 중 가장 유명한 '프로파간다'와 이 책의 차별점을 확실하게 해야겠다. 이 책이 프로파간다보다 먼저 출간된 책이라는 점을 우선 강조해 봐야 할 듯함. 국내 초역이라는 점도 강조! #에드워드_버네이스 #2교 #보도자료

〈3교〉

3교는 기계적인 느낌으로 대한다. 내용에 집중하다 보면 오히려 오탈자를 놓치게 된다. 사람은 글자 하나 하나가 아니라 문구를 통째로 해독한다는 어떤 연구결과를 이 3교에서는 역으로 적용해야 한다. 즉, 문구를 통째로 읽다보면 글자 하나하나가 보이지 않으므로 오탈자를 간과하게 된다는 점에 유의해야 한다. 사실 이쯤되면 원고가 질리는 느낌이 있어서 다른 편집자와 교차교정을 하는 것이 제일 효율적이다. 그리고 시급한 것 하나! 제목 결정!

<u>메모1</u>

문득 이 책은 정치적인 책이라기보다 심리학을 다루고 있다는 생각이 든다. 논리로는 해석되지 않는 인간의 행동에 대한 심리학적인 통찰일 보여준다. 이것이 '프로파간다'와 확실히 차별화되는 지점인지 확인할 것! 그리고 에드워드 버네이스와 프로이트가 친족 관계라는 점을 제시하면서 이 부분을 강조해야겠다.(의견) "여기에서 한 심리학자가 논리저항 구역이라고 불렀던 것과 상당히 똑같은 모습이 발견된다. 논리저항 구역은 항상 우리 곁에 있었다. 과학자들은 자신의 이론에 결점이 있다는 사실을 거부해서 목숨을 잃었다. 똑똑한 어머니가 분명 다른 어머니들에게는 자녀에게 주지 말라고 했던 음식을 자신의 아기에게 준다."(인용) #에드워드_버네이스 #3교 #보도자료

<u>메모2</u>

여론이란 이런 것이다! 홍보, 이렇게 하라! 처음부터 그랬고 앞으로도 계속될 버네이스의 기술, 폐부를 찌르는 여론의 기술, 심리를 뒤흔드는 여론의

기술, 반드시 먹히는 홍보의 기술, 여론 불변의 법칙, 에드워드 버네이즈는 이렇게 말했다, 간절한 홍보, 선명한 홍보, 최종무기 홍보, 여론이라는 것이 폭발한다, 여론이라는 것이 추출된다, 크리스탈라이징 여론의 결정, 여론의 탄생, 깊숙히 찌르는 여론의 기술, 여론 굳히기, 단숨에 사로잡는 여론, 괴벨스의 교과서, 이기는 방법은 오로지 여론뿐! 세상을 뒤엎는 힘, 오로지 여론, 다만 여론, 원하는 것을 얻을 수 있는 유일한 힘, 원하는 것을 얻는 기술 여론, 사람의 마음을 얻는 힘, 해결사 여론, 혹독한 여론, 거침없는 여론, 가차없는 여론, 여론만이 무기다, 여론은 무기다, 여론의 칼날, 여론의 창조주 #에드워드_버네이스 #3교 #보도자료 #제목_카피

메모3

번역회사에 옮긴이 약력 요청할 것! #에드워드_버네이스 #3교 #보도자료 #옮긴이_약력

인간희극 신간 보도자료

기본 서지정보

도서명: 여론 굳히기 (부제: 원하는 것을 얻어내는 기술) / 지은이: 에드워드 버네이스 / 옮긴이: 강예진 / 출판사: 인간희극 / 출간일: 2022년 5월 20일 정가: 값 12,800원 / 페이지: 296쪽 / 판형: 127× 188 / 제본: 소프트커버 / ISBN : 978-89-93784-74-9 (부가기호: 03320) / 주제별 분류: 사회 정치 > 언론학, 미디어론 / 인문 > 심리 경제 경영 > 마케팅

책소개

<프로파간다> 이전의 명작!

PR의 아버지 버네이스가 쓰고 괴벨스가 교과서 삼은 희대의 명저, 드디어 한국어판 출간!

이 책은 언제, 어디서든 시의적절하다. 처음부터 그랬고, 예전에도 그랬고, 지금도 그렇고, 앞으로도 세상은 에드워드 버네이스가 말한 대로 돌아갈 테니까! 세상이 내 맘대로 흘러가지 않아 당혹스러

운 당신은 제일 먼저 에드워드 버네이스부터 읽어
야 한다. 순수함으로 포장된 순진함을 넘어 진짜
세상으로 들어선 당신을 그가 환영해 줄 것이다!
(태그: #PR #홍보 #마케팅 #에드워드버네이스 #괴
벨스 #정치 #선동 #프로파간다 #심리)

상세이미지
첨부파일

지은이 소개
에드워드 버네이스_ 1891년 11월 22일 오스트리아
빈에서 태어났다. 정신분석학의 창시자 프로이트
는 버네이스의 외삼촌이자 고모부이다. 한 살 때
가족과 함께 미국 뉴욕으로 건너간 뒤, 곡물상이
었던 아버지의 뜻에 따라 코넬대학교 농학과에 입
학한다. 1912년 대학을 졸업하고 뉴욕시 상품거래
소에서 곡물 유통 업무를 하다가 그만두고 친구와
함께 의학 잡지사의 공동 편집자로 일했다. 1919
년에는 뉴욕에서 최초로 'PR 카운슬러'라는 직함
을 달고 PR 전문 사무실을 열었다. 1923년에는 뉴

욕대학교에서 최초로 'Public Relations'라는 교과를 가르치면서 최초의 PR 전문서인『여론 굳히기』를 출간했다. 그 밖의 저서로는『프로파간다』(1928년),『홍보』(1945년),『합의의 공학』(1955년) 등이 있다. 버네이스는 1995년 3월 9일, 향년 103세로 생을 마감했다.

옮긴이 소개

강예진_ 연세대학교에서 신문방송학을 공부하고 기업에서 마케팅과 홍보 업무를 했다. 이후 미국 카네기멜론대학교에서 예술경영 석사 과정을 이수하고 디자인 전략 매니저로 일했다. 글밥아카데미 수료 후 현재 바른번역 소속 번역가로 활동하고 있다. 옮긴 책으로『뉴요커처럼 당당하고 똑소리 나게 사는 법』,『다크사이드』,『디자인 씽킹 플레이북』,『마케터의 질문』,『플라워 스쿨』,『해빗 스태킹』등이 있다.

목차

책 속으로

우리는 공화당에 투표한 이유가 선거 운동의 쟁점
을 신중하게 고려하고 냉혹한 판단을 기반으로 결
정을 내렸기 때문이라고 진심으로 생각할 수도 있
다. 실제로는 우리가 공화당에 투표한 것은 1년 전
에도 그렇게 했기 때문이거나, 다소 모호하더라도
공화당의 공약에 우리 내면의 깊은 정서적 반응을
불러일으킨 내용이 포함되어 있기 때문이거나, 우
리가 좋아하지 않는 이웃이 민주당 지지자이기 때
문일 가능성이 높다. —142페이지

오늘날 지배적인 집단의 지위는 수백 년 전 가장
성공했던 전제 군주보다 더 안전하다. 오늘날 이러
한 집단을 대체하기 위해 극복해야 할 관성이 훨
씬 더 크기 때문이다. —175페이지

자기보존 본능 때문에 푼돈이라도 아껴보려고 음

식량을 줄이는 노동자는 공동 기금에 기부하는 일이 안전을 위한 조치라는 사실을 알게 되면 같은 자기보존 본능 때문에 돈을 기부하기도 할 것이다. —201페이지

본능과 보편적 욕망에 호소하는 것이 원하는 결과를 만들어내는 기본임을 기억하라. -231페이지

여론의 미래는 문명의 미래이다. 여론의 힘은 지속적으로 증가하고 있으며 계속 증가할 것이 확실하다. 여론이 아래로부터의 충동에 의해 점점 더 영향을 받고, 변화하고, 동요되고 있다는 것도 마찬가지로 확실하다. —287페이지

출판사 리뷰
PR의 아버지 에드워드 버네이스의 통찰력이 빛을 발한다!
1985년, 미국의 국민 프로그램 '레터맨 쇼'에 출연한 버네이스에게 진행자 레터맨은 이렇게 묻는다. "PR의 아버지라고 불리는 박사님이 어떤 일을 했는지 저에게 설명해 주시겠어요?" 93세의 나이가 믿기지 않을 정도로 반짝반짝 눈을 빛내며 장난

스럽게 미소 짓던 버네이스는 이렇게 답한다. "이를테면 이런 개념을 알려주는 거에요. 당신이 나를 '박사'라고 불러주면 사람들은 나를 더 믿게 될 거라는 사실 말이죠." 현대 사회를 관통하는 그의 통찰력이 이 짧은 대화에 모두 녹아 있다. 인간은 이성적인 판단 아래 합리적인 행동만 하는 것이 아니라 복잡하게 얽히고설킨 심리적인 요인에 바람처럼 흔들린다. 일찍이 이것을 깨달은 버네이스는 20세기 초반, 자신이 단독으로 쓴 최초의 저서인【여론 굳히기】에서부터 정치, 경제, 사회, 심리를 아우르는 전방위적인 시선으로 세상을 직시한다. 너무 오래 전 사례들 아닌가 하는 의구심이 들 새도 없이 밑줄 치고 싶은 문구들이 계속 튀어나오는 이 책은 지금 이 순간을 사는 당신 역시, 그 시대의 사람들처럼 정신 없이 빠져들게 만들 것이다.

괴벨스, <여론 굳히기>를 교과서 삼다!

【여론 굳히기】는 나치 선동의 최전선에 있었던 괴벨스가 탐독한 것으로 잘 알려져 있다. 이 책을 읽다 보면 '이 문구를 읽으며 괴벨스는 무슨 생각을 했을까? 뭔가 깨달았다는 희열감에 잠 못 들었

겠지?'와 같은 생각이 들면서 기분이 묘해진다. 에드워드 버네이스는 수시로 PR 업무의 윤리성을 강조하고 있지만 괴벨스는 버네이스가 이 책을 통해 풀어 놓은 세상의 이치와 원하는 것을 얻어내는 방식에 압도되어 윤리 같은 건 까맣게 잊어버렸던 게 아닌가 싶다. "여론"이라는 키워드를 중심으로 버네이스가 제시하는 사람들의 심리를 활용하는 법, 여러 집단의 이해관계를 조정하는 법, 언론 매체와 협력하는 법, 대중의 호감도를 높이고 원하는 방향으로 움직이게 만드는 법 등등은 세상을 뒤흔들 강력한 무기임에 틀림없다. 그 무기를 어떻게 활용하느냐는 오직 당신의 몫이다.

인간의 심리를 꿰뚫다!

오스트리아 빈에서 태어난 에드워드 버네이스의 가계는 복잡하면서도 의미심장하다. 정신분석학을 창시한 지그문트 프로이트는 버네이스 아버지의 처남이었고, 프로이트 부인은 버네이스 아버지의 동생이었다. 일종의 겹사돈 집안이었기에 프로이트는 버네이스에게 외삼촌이자 고모부가 되는 셈이다. 이 복잡한 관계가 의미심장한 이유는 최초의 PR

전문서라고 일컬어지는 【여론 굳히기】에 가득한 심리 이야기들 때문이다. 이를테면 "여기에서 한 심리학자가 논리저항 구역이라고 불렀던 것과 상당히 똑같은 모습이 발견된다. 논리저항 구역은 항상 우리 곁에 있었다. 과학자들은 자신의 이론에 결점이 있다는 사실을 거부해서 목숨을 잃었다. 똑똑한 어머니가 분명 다른 어머니들에게는 자녀에게 주지 말라고 했던 음식을 자신의 아기에게 준다" 등의 내용을 보면 인간의 이해할 수 없는 행동들, 매일 발생하는 사건사고들, 더 나아가 국가 간의 돌발적인 분쟁들이 어떻게 심리적인 바탕에서 해석될 수 있는지 실감하게 된다. 프로이트가 정신분석학의 아버지이듯이, 버네이스는 PR, 그리고 PR 카운슬러라는 직종을 탄생시킨 한 시대와 분야의 아버지였다. 그리고 그의 영향력은 지금도 여전하다. 앞으로도 그럴 것이다. 순진함을 넘어 세상을 직시하고자 하는 독자들이 존재하는 한 말이다.

도서문의 담당자 이메일

human_comedy@naver.com

〈언론사 보도 현황〉

연합뉴스
▲ 여론 굳히기 = 에드워드 버네이스 지음. 강예진 옮김.
정신분석학자 지그문트 프로이트의 조카로 '홍보의 아버지'로 꼽히는 미국의 정치 홍보 전문가가 1923년 처음 펴낸 책이다. 제1차 세계대전 이후 10년간의 선전 전략과 활동을 소개한 저자의 '프로파간다'(1928년)보다 먼저 출간됐다...

기사 링크

이외에도 한겨레, 국민일보, 서울신문, 세계일보 등 다수의 기사 게재 (검색 키워드: 여론 굳히기, 인간희극)

교정 단계별 실제 메모 2

제목: 촛불 하나의 과학
(원제: The Chemical History of a Candle)
저자: 마이클 페러데이 / 옮긴이: 이은경
출간일: 2019년 10월 31일

〈1교〉

<u>메모1</u>

"영광스럽게도 이 자리에 저와 함께 해주신 여러분께 감사드립니다. 여기에서 무슨 일이 벌어질까 초롱초롱 눈을 빛내고 있는 여러분을 위해 제가 준비한 이야기는 바로 '양초 한 자루 속에 담긴 과학의 역사'입니다. 이전에도 같은 주제로 몇 번 강의를 한 적이 있지만 강의 주제를 마음대로 정할 수 있다면 저는 매년이라도 양초 이야기를 되풀이해서 들려주고 싶습니다. 이 주제에는 흥미진진한 요소들이 넘치고 다양한 분야로 이어지는 통로들이 잔뜩 있기 때문입니다. 세상 만물을 지배하는 원리들 중에 양초와 무관한 법칙은 하나도 없습니다. 누군가 자연과학 공부를 시작하려 한다면 아

마도 양초의 물리 현상을 관찰하는 것이 가장 적절하고 손쉬운 방법이 될 것입니다. 다른 어떤 새로운 주제가 제법 훌륭하다 할지라도 양초보다 더 나을 수는 없으므로 이 주제로 여러분을 실망시키는 일은 결코 없을 거예요."(인용) 이 책이 페러데이의 실제 강연을 기록한 것이라는 점을 가장 생생하게 보여주는 부분이 바로 이 첫 대목이 아닐까 싶다.(의견) #마이클페러데이 #1교 #보도자료

메모2

"대기는 거대한 운송 매체로서 탄소가 연소될 때 생성되는 탄산 가스를 사방으로 퍼뜨리고 있습니다. 따라서 호흡으로 발생하는 환경 변화가 인간에게 해롭다는 사실을 알게 된 것은 모두를 위해 다행입니다. 인간은 같은 공기를 계속 호흡하면서 살 수 없기 때문이죠. 하지만 동시에 탄산가스는 지구 표면에서 자라고 있는 식물과 채소의 성장을 뒷받침하는 대단히 중요한 작용을 합니다. 또한 바깥 공기에 직접 접촉하지는 않지만 물고기를 비롯한 수중 생물 역시 같은 식으로 호흡한다는 점을

고려하면 물속에서도 지상과 같은 원리를 적용 할 수 있지 않을까요?"(인용) 현재 시점의 환경문제에도 시사점을 던져준다! 이 책의 보도자료는 인용을 많이 활용해야 할 것 같음.(의견) #마이클페러데이 #1교 #보도자료

⟨2교⟩

메모1

제1강 양초 한 자루: 불꽃—원료—구조—운동—밝기 / 제2강 양초 한 자루: 불꽃의 밝기—연소에 필요한 공기—물의 생성 / 제3강 연소 생성물: 연소 시 발생하는 물—물의 성질—화합물-수소 / 제4강 양초 속의 수소—연소로 생성되는 물—물을 구성하는 나머지 성분—산소 / 제5강 공기 중에 존재하는 산소—대기의 성질—그 특성—양초의 기타 연소 생성물—이산화탄소—그 특성 / 제6강 탄소 혹은 숯—석탄 가스—호흡과 양초 연소의 유사점—결론 (인용) 각 장의 실제 내용이 목차의 흐름대로 이어지는지 확인할 것(의견) #마이클페러데이 #2교 #보도자료 #목차

메모2

이 책은 흥미로운 과학 실험들을 제시하는 데 그
치지 않고 이를 온실가스 문제, 거시적이고 상호
순환적인 생태관, 인체와 촛불의 비교 등 놀랍도록
현대적인 주제들과 연결되면서 독자들을 사로잡고
있다.(의견) #마이클페러데이 #2교 #보도자료 #차
별점 #카피

메모3

마이클 패러데이: 영국의 화학자이자 물리학자이
며, 전자기학의 아버지로 불린다. 1791년 가난한 대
장장이의 아들로 태어나 제본공으로 일하면서 독
학으로 과학에 관심을 가지기 시작했으며, 당대 최
고의 과학자였던 험프리 데이비 경의 실험조교가
되어 과학계에 정식 입문한 뒤 영국 왕립학회 회
원의 자리까지 오른 입지전적인 인물이다. 패러데
이는 염소의 액화, 벤젠과 전자기유도 현상의 발견
등 뛰어나 연구 성과를 올렸을 뿐만 아니라 탁월
한 강의 능력으로도 명성이 높았다. 매년 크리스마
스 시즌에 실시한 그의 대중 강연은 늘 매진사례

를 이뤘으며 이 책 '촛불의 화학사' 또한 1860년 촛불을 주제로 한 6번의 강연을 정리하여 발간한 것이다. 1867년 75세의 나이로 세상을 떠난 그의 유지는 '배움의 기회를 갖지 못한 아이들이 과학강연을 들을 수 있게 지원해 달라'는 것이었다.(저자 소개) 저자의 성공 스토리가 거의 자기개발서 못지 않다. 출판사 서평에 저자에 대해서 자세히 기술할 것.(의견) #마이클페러데이 #2교 #보도자료 #저자소개 #서평

〈3교〉

메모1

이 책 '촛불 하나의 과학'은 2019년 노벨 화학상 수상자인 요시노 아키라의 추천으로 지금 일본에서 종합베스트셀러 1위에 오르는 등 다시 읽기 열풍이 불고 있다.(카피) #마이클페러데이 #3교 #보도자료 #서평

〈완성 보도자료〉

인간희극 신간 보도자료

기본 서지정보

도서명: 촛불 하나의 과학 / 저자: 마이클 패러데이 / 옮긴이: 이은경 / 출판사: 인간희극 / 출간일: 2019년 10월 31일 / 정가: 값 9,800원 / 페이지: 128쪽 / 판형: 152×225 / 제본: 소프트커버 / ISBN : 978-89-93784-64-0 (부가기호: 03430) / 주제별 분류: 국내도서 > 과학 > 화학

책소개

2019년 노벨 화학상 수상자 요시노 아카라를 과학의 세계로 초대한 명저!

기초과학의 중요성을 언급할 때 빼놓지 않고 등장하는 마이클 패러데이의 『촛불 하나의 과학』은 과학 꿈나무들에게 과학의 재미와 실제적인 접근 방법을 알려준다는 점에서 패러데이의 탁월한 강연 능력이 집약된 책이라고 할 수 있다. 또한 1860년 크리스마스 시즌을 맞아 패러데이가 촛불을 주제

로 실시한 6번의 대중 강연을 묶은 이 책은 흥미로운 과학 실험들을 제시하는 데 그치지 않고 이를 온실가스 문제, 거시적이고 상호 순환적인 생태관, 인체와 촛불의 비교 등 놀랍도록 현대적인 주제들로 연결시키면서 독자들을 사로잡고 있다. 이번에 인간희극에서 출간된 『촛불 하나의 과학』은 현대적인 감각으로 원서의 친근하면서도 광대한 주제를 충실히 번역하여 한국 독자들의 이해의 폭을 넓히고자 했다. 우리나라도 더 이상 부러워할 수만은 없다. 이 한 권의 책을 시작으로 인류의 발전에 공헌할 많은 인재들에게 영감을 불어넣는 고전들이 지속적으로 출간되고 서가에서 계속 살아남기를 기대해 본다.

저자 소개

마이클 패러데이_ 영국의 화학자이자 물리학자이며, 전자기학의 아버지로 불린다. 1791년 가난한 대장장이의 아들로 태어나 제본공으로 일하면서 독학으로 과학에 관심을 가지기 시작했으며, 당대 최고의 과학자였던 험프리 데이비 경의 실험조교가 되어 과학계에 정식 입문한 뒤 영국 왕립학회 회원의 자리까지 오른 입지전적인 인물이다. 패러데이는 염소의 액화, 벤젠과 전자기유도 현상의 발견 등 뛰어난 연구 성과를 올렸을 뿐만 아니라 탁월한 강의 능력으로도 명성이 높았다. 매년 크리스마스 시즌에 실시한 그의 대중 강연은 늘 매진사례를 이뤘으며 이 책『촛불 하나의 과학』또한 1860년 촛불을 주제로 한 6번의 강연을 정리하여 발간한 것이다. 1867년 75세의 나이로 세상을 떠난 그의 유지는 '배움의 기회를 갖지 못한 아이들이 과학강연을 들을 수 있게 지원해 달라'는 것이었다.

옮긴이 소개

이은경_ 연세대학교에서 영어영문학과 심리학을 전공했다. 식품의약품안전청 의약품안전국 의약품품질과 신영기업 전략기획팀, 제이엠월드 기획팀에서 일했다.『과학의 책』,『창조의 탄생』,『네이키드 퓨처』등 다수의 책을 번역했다.

목차

책 속으로

우리는 이런 효과를 나타내는 산소가 완전히 사라질 때까지 이 실험을 계속 반복할 수 있습니다. 이렇게 하다보면 공기와 산소를 붉게 만드는 시약용 기체를 더 넣어도 남아 있는 기체가 더 이상 붉게 변하지 않는 지점에 도달합니다. 즉 이것은 공기 중에 산소 외에 다른 기체가 존재 한다는 증거입니다(우리는 기체의 부피에 따라 자동적으로 물이 들어가도록 설계된 실험 도구 덕분에 병 속의 기체가 얼마나 남았는지 확인할 수 있다). —81페이지

용기 속의 물이 오르내리는 모습으로 저의 들숨과 날숨을 확인하셨을 겁니다. 이제 용기 내부 공기에 연소하는 양초를 넣어보겠습니다. 불이 꺼지는 모습으로 미루어 볼 때 내부 공기의 상태가 어떤지 판단 할 수 있습니다. 보다시피 단 한 차례 호흡만으로도 내부 공기가 완전히 변했으므로 추가로 숨을 쉴 필요도 없습니다. 이로써 빈곤층 거주지역의 주택 구조가 상당수 부적절하게 설계됐다는 주장의 근거를 이해할 수 있습니다. 적절한 환기 장치로 신선한 공기를 공급하지 못하므로 그곳 사람들은 계속 같은 공기 속에서 숨을 쉴 수밖에 없습니다. 단 한 번의 호흡으로 공기가 얼마나 나빠지는지 봤으니 여러분은 이제 우리 인간에게 신선한 공기가 얼마나 소중한지 쉽게 이해할 수 있을 겁니다. —107페이지

대기는 거대한 운송 매체로서 탄소가 연소될 때

생성되는 탄산 가스를 사방으로 퍼뜨리고 있습니다. 따라서 호흡으로 발생하는 환경 변화가 인간에게 해롭다는 사실을 알게 된 것은 모두를 위해 다행입니다. 인간은 같은 공기를 계속 호흡하면서 살 수 없기 때문이죠. 하지만 동시에 탄산가스는 지구 표면에서 자라고 있는 식물과 채소의 성장을 뒷받침하는 대단히 중요한 작용을 합니다. 또한 바깥 공기에 직접 접촉하지는 않지만 물고기를 비롯한 수중 생물 역시 같은 식으로 호흡한다는 점을 고려하면 물속에서도 지상과 같은 원리를 적용 할 수 있지 않을까요? —111페이지

출판사 리뷰

패러데이에 대하여

마이클 패러데이는 1791년 9월 22일 런던의 한 가난한 가정에서 태어났다. 아버지는 일거리를 찾아 런던으로 온 대장장이였다. 패러데이의 어린 시절은 잘 알려져 있지 않다. 단지 아버지의 소득만으로는 기본적인 의식주를 감당할 수 없는 형편 속에서 패러데이가 어릴 때부터 가계에 보탬이 되는

방법을 생각해야만 했다는 사실이 알려져 있을 뿐이다. 그렇게 패러데이는 열세 살 때 프랑스 망명자 조지 리보 씨 밑에서 신문 배달을 시작했다. 리보는 신문 발행 이외에 고서를 재제본해서 판매하는 일도 하고 있었다. 인정 많은 사람이었던 리보는 일 년 뒤 패러데이를 제본 기술을 배우는 유급 수련생으로 고용했다. 그 덕분에 패러데이는 수준 높은 내용의 고서들을 가까이서 접할 수 있었다. 당시에는 과학 관련 직업에 종사하기가 쉽지 않았을 뿐더러 패러데이 같이 경제적으로 어려운 처지에는 한층 더 어려운 일이었다. 그러나 모든 일이 꼭 논리적으로 진행될 필요는 없다. 그랬다가는 이 세상은 그저 지루한 곳이 되고 말 것이다. 어느 날 리보의 고객이 "리보 씨, 지금 데이비 경의 강의를 들으러 가는 중인데 표가 한 장 남아요. 함께 가시죠."라고 말했다. 리보는 그 고객에게 자기는 과학 분야를 잘 몰라서 강의를 즐길 수 없겠지만 괜찮다면 대신 '과학을 사랑'하는 패러데이를 데려가라고 말했다. 고객은 흔쾌히 패러데이를 데려가겠다고 했다. 패러데이는 이미 데이비의 업적을 잘 알고 있던 터라 무척 기쁜 마음으로 강의에 참석했을 뿐만 아니라 강의 노트를 꼼꼼하게 작성한 뒤 나중에 반듯하게 옮겨 써서 제본까지 했다. 패러데이는 제본 일을 그만두고 과학 관련 일에 종사하고 싶었지만 어디서부터 시작해야 할지 몰랐다. 마침내 패러데이는 데이비에게 도움을 요청하는 편지를 썼다. 그리고 패러데이는 편지와 함께 자기가 참석했던 염소(Cl)를 주제로 한 데이 비의 강의 4회분을 기록한 강의 노트 합본을 동봉하여 보냈다. 1812년 12월 크리스마스이브에 패러데이는 데이비로부터 답장을 받았고 그 내용은 다음과 같았다. "당신이 보낸 강의 노트에 담긴 자신감과 굳은 결심에 나는 기쁜 마음을 금할 수 없었습니다. 이 강의 노트를 통해 당신이 열렬한 관심, 뛰어난 기억력, 대단한 주의력을 갖추고 있다는 것을 알 수 있었습니다. 나는 한동안 런던을 떠나 있을 예정이고 다시 돌아와서 안정을 찾으려면 1월 말이나 되어야 할 것 같습니다. 그 후 언제라도 당신을 꼭 만나고 싶습니다. 당신에게 도움을 줄 수 있다면 무척 기쁠 것입니다. 능력이 닿는 한 돕고 싶습니다." 그렇게 1813년 1월 말, 데이비는 런던으로 돌아온 직후 패러데이를 만났다. 처음 만남에서 데이비는 패러데이에게 아무런 약속도 하지 않았으나 몇 주 뒤 실험실에서 발생한 폭발 사고로 인해 일시적으로 눈이 보이지 않게 된 데이비는 일상적인 실험실 업무를 도와줄 사람이 필요했고, 기꺼이 과학계에 입문하고자 하는 '글씨를 또박또박 쓰는 젊은이'에게 도움을 요청했다. 패러데이의 일처리에 만족했던 데이비는 1813년 봄에 실험실 조수 자리가 비게 되자, 그런 기회를 간절하게 바라고 있던 패러 데이에게 조수직을 제안했고 패러데이는 즉시 제안을 받아들였다. 그리하여 패러데이는 당대 가장 유명한 화학자 중 한 명에게 화학을 배울 수 있는 기회를 손에 넣은 것이다. 이후에도 데이비는 패러데이의 열의, 헌신, 독창성에 대단히 큰 감명을 받았고 패러데이의 장래에 적극적인 관심을 보였다. 데이비는 훌륭한 과학자였고 현대 과학계에 여러모로 공헌했으나 아마도 데이비의 가장 큰 업적은 패러데이에게 과학의 길로 들어설 수 있는 기회를 제공했다는 사실일 것이다. 데이비 자신도 이 사실을 인정했다. 한 기자가 데이비에게 "선생님은 본인의 가장 큰 발견이 무엇이라고 생각하십니까?"라고 물었을 때 데이비는 "마이클 패러데이입니다."라고 즉답했다. 패러데이가 초창기에 실시했던 과학 연구는 기체의 액화였다. 그는 1820년에 처음으로 염소와 탄소의 화합물인 C_2Cl_6(헥사클로로에탄)과 C_2Cl_4(테트라클로로에틸렌)을 만들었다. 그리고 1825년에는 벤젠을 발견했으며 이는 드디어 과학계에서 패러데이의 이름이 널리 알려지는 계기가 된다. 이후 패러데이가 전기 분해 반응을 발견하고 이를 제어하는 법칙을 알아낸 것은 1832년의 일이었다. 수학 교육을 받은 적이 없는 상태로 이 같은 연구 성과를 올린 패러데이는 조지프 헨리와 별도로 전자기 유도가 가능함을 최초로 증명했으며 이 법칙을 이용하여 최초의 발전기와 최초의 변압기 또한 만들었다. 이런 패러데이의 업적은 아인슈타인이 그를 인류 최고의 과학자라고 극찬할 정도로 대단했다. "지금까지도 많은 글에서 패러데이를 다뤘지만 앞으로 더욱더 많은 글에서 패러데이를 다룰 것이고 더 많은 사람이 그 글을 읽을 것이다. 패러데이는 대단히 중대한 과학 현상들을 발견했고 관련 사료도 풍부하게 남아있다. 그뿐만 아니라 패러데이의 인생에서는 '가난뱅이에서 벗어나 출세가도에 오른' 감격스러운 여정, 그리고 과학을 사랑하지만 기회나 정식 교육의 혜택을 받지 못한 사람들에게 언제까지라도 영감을 불어넣어 줄 완벽을 향한 정진을 찾아볼 수 있다." 많은 사람이 패러데이의 인생과 그의 업적에 그토록 매력을 느끼는 이유를 아주 적절하게 설명한 위 구절은 데이비드 구딩과 프랭크 제임스가 편집한【패러데이 재발견】의 머리말에 런던 왕립학회 회원 조지 포터가 쓴 내용이다.

촛불에 대하여

영국 왕립학회 회원이 된 이후로 패러데이는 매년 크리스마스 시즌에 대중들을 위한 과학 강연을 펼쳤고 이는 대단한 인기를 모았다. 그가 강연을 열심히 준비하기도 했지만, 그의 명확한 전달력, 천진난만한 웃음, 친근한 인상이 사람들의 호감을 산 것이다. 그렇다면 패러데이는 왜 촛불을 자신의 강의 주제로 삼았을까? 우리는【촛불 하나의 과학】

첫 대목에서 그 답을 찾을 수 있다. "영광스럽게도 이 자리에 저와 함께 해주신 여러분께 감사드립니다. 여기에서 무슨 일이 벌어질까 초롱초롱 눈을 빛내고 있는 여러분을 위해 제가 준비한 이야기는 바로 '양초 한 자루 속에 담긴 과학의 역사'입니다. 이전에도 같은 주제로 몇 번 강의를 한 적이 있지만 강의 주제를 마음대로 정할 수 있다면 저는 매년이라도 양초 이야기를 되풀이해서 들려주고 싶습니다. 이 주제에는 흥미진진한 요소들이 넘치고 다양한 분야로 이어지는 통로들이 잔뜩 있기 때문입니다. 세상 만물을 지배하는 원리들 중에 양초와 무관한 법칙은 하나도 없습니다. 누군가 자연과학 공부를 시작하려 한다면 아마도 양초의 물리현상을 관찰하는 것이 가장 적절하고 손쉬운 방법이 될 것입니다. 다른 어떤 새로운 주제가 제법 훌륭하다 할지라도 양초보다 더 나을 수는 없으므로 이 주제로 여러분을 실망시키는 일은 결코 없을 거예요." 또한 패러데이의 강연을 책으로 정리하여 펴낸 편집자 윌리엄 크룩스는 다음과 같이 말하기도 했다. "원시적인 소나무 횃불과 파라핀 양초 사이에는 얼마나 큰 간극이 있는가! 그 차이는 얼마나 막대한가! 인간이 밤에 집 안을 밝히기 위해 사용한 수단은 문명의 발달 과정에서 그 인간이 어느 단계에 있는지 알려준다."이처럼 촛불은 패러데이에게 굉장히 의미심장한 주제였고 당시 사람들도 매일 밤 자신들의 집을 밝히는 친근한 물건이었던 촛불을 중심으로 펼쳐지는 과학 강연에 온전하게 빠져들 수밖에 없었다. 여기서 그치지 않는다. 촛불은 패러데이에게 과학뿐만 아니라 자신의 원숙한 세계관까지 드러낼 수 있는 매개체였다. 패러데이가 1867년 75세의 나이로 사망했으므로【촛불 하나의 과학】이 토대가 된 6번의 대중 강연이 있었던 1860년은 그가 자신이 쌓아온 과학 지식과 세계관, 그리고 인생관을 총망라할 수 있는 경지에 충분히 올라있었음을 짐작해 볼 수 있다. 그래서 그런지 이 책【촛불 하나의 과학】속에는 현대 독자들이 읽어도 전혀 손색이 없는 현대적인 감각과 주제들이 돋보인다. 이를테면 생태계에 대한 패러데이의 시선이 담긴 다음과 같은 대목이다. "하루에 호흡으로 생성되는 탄산가스가 런던에서만

약 2,232톤에 달합니다. 만약 탄소가 앞에서 보여 드린 납이나 철처럼 연소될 때 고체 생성물을 남긴 다면 어떻게 될까요? 세상은 온통 재로 덮여버리고 말 겁니다. 대기는 거대한 운송 매체로서 탄소가 연소될 때 생성되는 탄산가스를 사방으로 퍼뜨리고 있습니다. 따라서 호흡으로 발생하는 환경 변화가 인간에게 해롭다는 사실을 알게 된 것은 모두를 위해 다행입니다. 인간은 같은 공기를 계속 호흡하면서 살 수 없기 때문이죠. 하지만 동시에 탄산가스는 지구 표면에서 자라고 있는 식물과 채소의 성장을 뒷받침하는 대단히 중요한 작용을 합니다. 또한 바깥 공기에 직접 접촉하지는 않지만 물고기를 비롯한 수중 생물 역시 같은 식으로 호흡한다는 점을 고려하면 물속에서도 지상과 같은 원리를 적용 할 수 있지 않을까요?" 한편, 이 책【촛불 하나의 과학】은 2019년 노벨 화학상 수상자인 요시노 아키라의 추천으로 지금 일본에서 종합베스트셀러 1위에 오르는 등 다시 읽기 열풍이 불고 있다. 이번에 인간희극에서 새로운 번역으로 내놓은 한국어판은 '술술 읽히고 절판되지 않는 고전을 위하여'라는 기치 아래 오늘날에도 반짝거리는 빛을 잃지 않은 패러데이의 현대적인 강연의 본질을 고스란히, 그러면서도 알기 쉽게 전달하려고 노력하였다. 아무쪼록 우리나라에서도 이 책을 시작으로 기초과학 교육의 중요성을 다시금 환기시켜 더 이상 이웃나라에게 부러움을 느끼는 노벨상 시즌이 되지 않았으면 한다. 마지막으로 패러데이의 다음과 같은 당부를 함께 나누고 싶다. "저는 여러분이 자기가 속한 세대에서 촛불에 비견될 수 있는 사람이 되길 기원합니다. 여러분이 주변 사람들을 촛불처럼 비추길 바랍니다. 또한 여러분이 인류를 위한 의무를 이행해야 할 때, 명예롭고 적절하게 행동함으로써 촛불처럼 아름다운 사람이 되길 소망합니다."

도서문의 담당자 이메일

humancomedy@paran.com

〈언론사 보도 현황〉

뉴스1

[신간] '전자기학의 아버지' 패러데이 명강의…촛
불 하나의 과학

2019년 노벨 화학상 수상자 요시노 아카라가 극
찬한 패러데이의 '촛불 하나의 과학'이 번역·출
간됐다. 마이클 패러데이(1791~1867)는 전기화학
의 기초를 마련한 영국의 과학자이다...

기사 링크

이외에도 인천일보, 디지털타임스 등에 기사 게
재 (검색 키워드: 촛불 하나의 과학, 인간희극)

교정 단계별 실제 메모 3

제목: 엄마 나도 논리적으로 말하고 싶은데 논리가
뭔지 정말 모르겠어요(원제: The Game of Logic)
저자: 루이스 캐럴 / 편역자: 김영수
출간일: 2022년 9월 1일

〈1교〉

이 책은 편집자가 직접 번역한 경우이므로 번역
작업을 1교로 간주했다.

메모1

논리적으로 생각해야지, 논리력이 중요하단다... 이
런 말만하지 말고 이 책을 통해 논리의 세계를 눈
으로 직접 보여 주세요!(카피) 장황한 설명이 아
니라 논리를 눈으로 확인시켜준다는 점을 내세우
자!(의견) #루이스캐럴 #1교 #보도자료 #카피

메모2

논리란 도대체 무엇일까? 논리적으로 생각해 봐라,
논리력이 있어야 성적이 오른다, 이런 말들은 많
이 하는데 논리를 제대로 알려주는 사람은 거의

없다. 말이나 글로 논리를 설명하는 건 무척 어려운 일이기 때문이다. 그런데 이 책의 저자 루이스 캐럴은 논리를 눈으로 보여 주는 게임을 만들었다.(책소개) 대상 독자를 어느 수준으로 선정해야 할까? 인터넷 서점에서 비슷한 책이 어떻게 분류되어 있는지 확인할 것. 어린이 책에 맞게 홍보 문투를 어떻게 바꿔야 할지도 결정할 것.(의견) #루이스 캐럴 #1교 #보도자료 #책소개

〈2교〉

<u>메모1</u>

The Game of Logic: 논리게임, 논리-게임의 법칙!, 논리란 무엇일까? '반갑다 논리야' 같은 친숙한 제목... 논리천재, 너에게 논리를 알려주마, 논리가 뭔지?, 논리가 밥 먹여주냐?, 엄마 논리가 뭐예요? 눈으로 보여주는 논리, 보드게임을 하다보면 논리가 척척!, 긴 제목도 생각해 볼 것. 이상한 나라의 논리게임, 루이스 캐럴의 논리야 놀자, 앨리스와 함께하는 논리수업, 나는야 논리천재! 나도 논리적이고 싶다, 나도 논리적으로 말하고 싶다, 논리적으로

설명하라는데 그게 뭘까?(제목/카피) #루이스캐럴
#2교 #보도자료 #제목

〈3교〉

<u>메모1</u>

루이스 캐럴: '이상한 나라의 앨리스'의 작가로 유
명한 루이스 캐럴은 수학자이기도 했습니다. 그래
서 이 책을 아주 재미있으면서도 정확하게 쓸 수
있었습니다. 여러분도 루이스 캐럴처럼 글도 잘 쓰
고 수학도 잘하고 싶나요? 그렇다면 아주 운이 좋
네요. 머릿속 생각을 잘 정리할 수 있게 만들어
주는 '논리'를 배우는 것이야말로 글쓰기도, 수학
도 잘할 수 있는 첫걸음이거든요. 이 책을 차근차
근 읽어나가면 논리와 정말 친해질 수 있을 거예
요!(저자소개) #루이스캐럴 #3교 #보도자료 #저자
소개

〈완성 보도자료〉

인간희극 신간 보도자료

기본 서지정보

도서명: 엄마, 나도 논리적으로 말하고 싶은데 논리가 뭔지 정말 모르겠어요. / 지은이: 루이스 캐럴 / 옮긴이: 김영수 / 출판사: 인간희극 / 출간일: 2020년 9월 1일 / 정가: 값 9,500원 / 페이지: 160쪽 / 판형: 152×225 / 제본: 소프트커버 / ISBN: 978-89-93784-67-1 (부가기호: 73170) / 주제별 분류: 어린이 > 초등 5~6학년 > 논리학습

책소개

<이상한 나라의 앨리스>의 작가가 발명한 논리 게임으로 논리 천재가 되자!

논리란 도대체 무엇일까요? 논리적으로 생각해 봐라, 논리력이 있어야 성적이 오른다, 이런 말들은 많이 하는데 논리를 제대로 알려주는 사람은 거의 없습니다. 말이나 글로 논리를 설명하는 건 무척 어려운 일이거든요. 그런데 이 책의 저자 루이스

캐럴은 논리를 눈으로 보여주는 게임을 만들었습니다. 이 책에서 알려주는 게임의 법칙에 따라 즐겁게 게임을 즐기다 보면 어느새 논리의 기초를 탄탄하게 다질 수 있을 거예요. (태그: #논리 #논리수업 #논리게임 #삼단논법 #루이스캐럴 #이상한나라의앨리스)

상세이미지
첨부파일

지은이 소개
루이스 캐럴_『이상한 나라의 앨리스』의 작가로 유명한 루이스 캐럴은 수학자이기도 했습니다. 그래서 이 책을 아주 재미있으면서도 정확하게 쓸 수 있었습니다. 여러분도 루이스 캐럴처럼 글도 잘 쓰고 수학도 잘하고 싶나요? 그렇다면 아주 운이 좋네요. 머릿속 생각을 잘 정리할 수 있게 만들어 주는 '논리'를 배우는 것이야말로 글쓰기도, 수학도 잘할 수 있는 첫걸음이거든요. 이 책을 차근차근 읽어나가면 논리와 정말 친해질 수 있을 거예요!

옮긴이 소개

김영수_ 2001년부터 책을 만들어 왔습니다. 옮긴 책으로는『마음이 맑아지는 낙서 명상 젠탱글』, 『햇살처럼 너를 사랑해』,『젠펜슬』,『건축가처럼 낙서하기』,『헤이 그랜쥬드!』,『닥터 포스터 대본집』등이 있습니다.

목차

출판사 리뷰

<이상한 나라의 앨리스>보다 더 흥미진진한 논리 이야기!

동화 작가로 잘 알려진 루이스 캐럴의 원래 직업은 수학자였습니다. 동료 교수의 딸 앨리스를 위해 쓴 【이상한 나라의 앨리스】가 대중적으로 크게 성공하면서 당시 빅토리아 여왕까지 루이스 캐럴의 다른 작품들도 읽고 싶다고 요청할 정도였는데, 그때 루이스 캐럴이 여왕에게 보냈던 책은 자신의 본업

인 수학 관련 책과 논문들이었다고 합니다. 이렇듯 수학자답게 루이스 캐럴은 어떻게 하면 아이들에게 논리를 쉽게 가르쳐 줄 수 있을까를 연구했고 그 결과물이 바로 이 책【엄마, 나도 논리적으로 말하고 싶은데 논리가 뭔지 정말 모르겠어요(The Game of Logic)】입니다. 아이들의 심리를 잘 알고 있었던 루이스 캐럴은 이 책에서 논리학의 기본 개념들을 시각적으로 확인할 수 있는 보드 게임을 통해 아이들이 직관적으로 논리의 세계에 빠져들 수 있도록 세심하게 배려했습니다. 이 책이 논리에 관한 모든 것을 알려줄 수는 없을지라도 이제 막 논리적으로 생각하는 방법의 중요성을 깨닫기 시작한 아이들에게 더할 나위 없이 훌륭한 시작점이 될 수 있는 이유가 바로 그런 동심을 이해하는 루이스 캐럴의 세심함입니다.

<논리가 뭐예요?>라는 질문에 더 이상 얼버무리지 마세요!

원래 논리라는 건 말과 글로 설명하려고 하면 할수록 오히려 더 복잡해지기 마련입니다. 반면 루이스 캐롤이 고안한 논리 게임은 그런 수고를 덜어 줄 뿐만 아니라 다른 어떤 방법보다도 더 명확하게 논리의 기본 개념들을 머리 속에 각인시켜 줍니다. 눈으로 보는 것만큼 확실한 것은 없으니까요. 이제 아이들에게 논리적으로 말해 봐, 논리적으로 생각해야지, 논리력이 중요하단다... 이런 말만하지 말고 이 책【엄마, 나도 논리적으로 말하고 싶은데 논리가 뭔지 정말 모르겠어요(The Game of Logic)】을 통해 논리의 세계를 눈으로 직접 보여 주세요!

책 속으로

우리는 논리에 대해서 알아보기 위해 우선 케이크부터 만들어 볼 겁니다. 갑자기 웬 케이크냐구요? 일단 저를 믿고 따라와 보세요. 절대 후회하지 않을 거예요. _13페이지

자, 어려운 말이 등장했네요. 하지만 겁먹을 필요는 없어요. 저는 명제를 말로 설명하는 대신 눈으로 직접 확인시켜 주려고 해요. _15페이지

논리적으로 생각한다는 건 이 게임판에 빨간색이나 회색 단추를 제대로 올려 놓는 것과 전혀 다르지 않아요. _39페이지

도서문의 담당자 이메일

humancomedy@paran.com

〈언론사 보도 현황〉

연합뉴스

[아동신간] 엄마, 나도 논리적으로 말하고 싶은
데…(서울=연합뉴스) 이승우 기자 = ▲ 엄마, 나도
논리적으로 말하고 싶은데 논리가 뭔지 모르겠어
요 = 루이스 캐럴 지음. 김영수 옮김.
동화 '이상한 나라의 앨리스'를 쓴 세계적인 작가
루이스 캐럴이 만들어낸 논리 게임이다...

기사 링크

교정 단계별 실제 메모 4

제목: 하나의 세계, 아니면 멸망
(원제: One World or None)
저자: 아인슈타인 외 16명 / 옮긴이: 박유진
출간일: 2023년 8월 6일

〈1교〉

메모1

1946년 출간 당시 노벨상 수상자: 아인슈타인, 닐스 보어, 어빙 랭뮤어, 해럴드 유리, 아서 콤프턴 / 출간 이후 노벨상 수상자: 유진 위그너, 한스 베테 총 7명의 노벨상 수상자가 참여한 책. 이런 책이 또 나올 수 있을까! 강조! 각각 어떤 분야에서 수상했는지도 체크할 것. #하나의세계 #1교 #보도자료 #저자소개

메모2

제2차 세계대전 이후의 세계가 이 책 한 권에 응축되어 있는 듯하다. 과학적인 문제뿐만 아니라 정치, 사회, 군사적인 문제까지 다채롭게 펼쳐진다.

언론인 월터 리프먼(퓰리처상을 수상!), 당시 미 공
군 참모총장이었던 H. H. 아널드의 글에서도 인
용할 부분이 있는지 살펴볼 것.(의견) #하나의세계
#1교 #보도자료 #카피

메모3
자주 등장하는 단어: 세계정부, 사찰 / 지금 시각
에서 보면 세계정부는 다소 낭만적이고 순진하게
느껴지는 발상인 반면, 사찰은 지금 국제사회가 무
분별한 무기 확산을 막기 위한 일반적인 통제 수단
으로 사용된다. 시대의 한계에 갇힌 관점은 무엇이
고 한계를 뛰어넘은 관점을 무엇인가? 당대 최고
지성들이 내놓았던 해결책들 중 성취된 것은 무엇
이고 좌절된 것은 무엇인가?(의견) #하나의세계 #1
교 #보도자료 #카피

〈2교〉

메모1
"원자 재앙을 어떻게 피할까 하는 문제는 아직도

우리에게 매우 생소한 분야이다. 현재로서는 임시 방편들 외에 제대로 된 해결책을 기대하기 어려운 상황이며, 그 임시방편들이 좀 더 구체적이고 명확해지기를 바랄 수밖에 없다. 다음 장부터는 이 문제에 대한 일반적인 접근 방법들이 제시된다. 저자마다 접근 방법이 다르며 일부 의견은 정반대 관점을 취하고 있다. 그러나 이는 유익한 토론과 논쟁의 출발점으로 볼 수 있다. 모든 저자가 동시에 한 가지 의견만을 가져야 하는 것은 아니다. 그러나 다 같이 '하나의 세계'를 염원하고 있으며, 그 뜻을 이루기 위하여 여기에 제시된 제안들을 공정하고 신중하게 고려할 것을 촉구하고 있다는 점에서 모든 저자가 한마음 한뜻이다."(인용) 저자들 간의 다른 관점들이 숨김 없이 드러나 있다는 맥락에서 활용(의견) #하나의세계 #2교 #보도자료

메모2

H. H. 아널드 장군이 실무자 입장에서 풀어 놓은 원자 폭탄 이후의 무기 체제에 대한 전방위적 분석은 제2차 세계대전 후 군사전략을 세밀하게 보여

줌. 밀리터리 덕후들이 좋아할 부분.(의견) #하나의
세계 #2교 #보도자료

메모3

저자소개 순서는 아인슈타인, 오펜하이머, 닐스 보
어 순서로. 나머지 저자소개는 각장 도입부. #하나
의세계 #2교 #보도자료 #저자소개

⟨3교⟩

메모1

아인슈타인(노벨 물리학상), 닐스 보어(물리학상),
어빙 랭뮤어(화학상), 해럴드 유리(화학상), 아서 콤
프턴(물리학상), 유진 위그너(물리학상), 한스 베테
(물리학상) 카드뉴스에 활용. 디자이너에게 전달.
#하나의세계 #3교 #보도자료 #카드뉴스

메모2

"로버트 오펜하이머는 상원 청문회에서 워싱턴 지
하에 원자 폭탄이 든 상자가 있는지 없는지 여부

를 확인할 과학적 도구가 있느냐는 질문을 받았고, 그는 다음과 같이 답변하였다. "아무렴요, 그런 도구야 당연히 있습죠. 바로 스크루드라이버인데, 조사관이 그걸 이용해서 지극정성을 다하여 폭탄이 발견될 때까지 상자 하나하나를 차례대로 열면 된답니다." 오펜하이머는 농담한 것이 아니다. 우라늄-235와 플루토늄에서는 소량의 방사선이 방출되지만, 폭탄의 효율성을 높일 목적으로 이용되는 중금속 탬퍼가 이미 약해진 방사선을 아주 효과적으로 흡수한다."(인용) 오펜하이머 영화 예고편에 나온 청문회 장면과 관련이 있는 부분인지 확인하고 활용할 것.(의견) #하나의세계 #3교 #보도자료 #관련_영화_카피

〈완성 보도자료〉

인간희극 신간 보도자료

기본 서지정보

도서명: 하나의 세계, 아니면 멸망(One World or None)
지은이: 아인슈타인, 오펜하이머 외 15명 / 옮긴이: 박유진 / 출판사: 인간희극 / 출간일: 2023년 8월 6일/ 정가: 값 16,800원 / 페이지: 256쪽 / 판형: 154×247 / 제본: 소프트커버 / ISBN: 978-89-93784-77-0 (부가기호: 03550) / 주제별 분류: 과학 > 과학 에세이 / 역사 > 세계사

책소개

★★★ 천재들의 브레인스토밍 <ONE WORLD OR NONE> 한국어판 최초 출간!

★★★ 아인슈타인, 닐스 보어 등 무려 7명의 노벨상 수상자가 참여한 전설의 출판 프로젝트!

★★★ 트리니티 실험, 히로시마, 나가사키... 인류사 최고 천재들이 인류사 최대 사건을 말하다!

히로시마에 원자 폭탄이 떨어지고 불과 몇 달 후,

핵분열의 막대한 에너지 분출을 마침내 세상에 선보인 과학자들과 오펜하이머를 필두로 한 맨해튼 프로젝트의 주역들은 미국 과학자 협회(The Federation of American Scientists)를 긴급히 결성하여 한자리에 모였다. 인류가 불현듯 손에 쥐게 된 이 막대한 힘의 바탕에는 어떤 과학적 원리가 있으며, 앞으로 그 힘이 어떤 변화를 불러일으킬지 대중의 언어로 알려야 할 필요성을 느낀 그들은 각자의 영역에서 고찰하기 시작한다. "과연 우리는 이 힘을 감당할 준비가 되어 있는가?" 그렇게 아인슈타인, 닐스 보어, 어빙 랭뮤어, 해럴드 유리, 아서 콤프턴과 같은 당대의 노벨상 수상자들과 이후 노벨상을 수상한 유진 위그너, 한스 베테, 그리고 퓰리처상을 수상한 전설적인 언론인 월터 리프먼, 현역 미 공군 참모총장 H. H. 아널드, 원자 폭탄의 아버지라고 일컬어지는 오펜하이머 등은 하나의 결론에 도달한다. "One World or None", 하나의 세계, 아니면 멸망! 이제 그들의 강렬한 메시지를 최초의 한국어판으로 만나 보자!

(태그: #오펜하이머 #아인슈타인 #닐스보어 #핵무

기 #원자폭탄 #맨해튼프로젝트 #트리니티실험 #히로시마 #나가사키)

상세 이미지 및 카드 뉴스
첨부 파일

지은이 소개
알베르트 아인슈타인_ 1921년에 노벨 물리학상을 수상하였으며 아마도 역대 과학자들 중 가장 위대한 인물로 손꼽힐 것이다. 1939년 가을에 그가 루즈벨트 대통령에게 우라늄 프로젝트 가능성을 서술한 편지를 보냈고, 이후 미 정부에서 해당 업무가 착수되었다.

J. R. 오펜하이머_ 2차 세계 대전 전에 캘리포니아 대학교 물리학 교수로 재직하였으며 그곳을 미국 내 가장 중요한 이론물리학의 요람으로 이끌었다. 전쟁 기간 동안에는 뉴멕시코주 로스앨러모스 연구소를 총괄하였다.

닐스 보어_ 핵 연구로 원자 시대 도래에 이바지한

인물로서 1922년, 서른일곱 살이라는 나이에 노벨 물리학상을 수상하였고 1943년에 나치를 피해 모국인 덴마크를 떠났다. 그리고 미국으로 넘어온 뒤 우라늄 프로젝트의 개발에 중대한 역할을 하였다.

옮긴이 소개

박유진_ 가천대학교에서 회계학과 영문학을, 미국 캘리포니아 소노마 주립대학교에서 영어를 공부했다. 다수의 소설을 번역했으며, 원자 폭탄의 과학적 원리와 정치사회적 의미를 대중의 언어로 전달하려는 본서의 취지에 맞는 번역을 위해 힘썼다. 현재 바른번역 소속 번역가로 활동 중이다.

목차

출판사 리뷰

제2차 세계대전 이후의 세계, 그 도전과 전망이 한 권의 책으로 응축된다

전쟁의 시작과 과정은 복잡다단했지만, 전쟁의 끝은 단순했다. 방어 불가능한 무기, 그 등장은 강렬했고 모두가 숨을 죽였다. 누구도 말문을 떼지 못하던 그때, 두려움을 애써 밀어내며 입을 여는 사람들이 있었다. 바로 그 무기를 탄생시킨 장본인들

이었다. 그들은 "사용설명서"를 작성해야 한다는 의무감을 느꼈다. 이 전례 없는 힘을 인류가 어떻게 다루어야 하는지, 그들조차 막막했지만 각자의 지성을 최대한 짜내어 한 권의 책으로 묶어 낸다. 이렇게 출간된 【One World or None/하나의 세계, 아니면 멸망】은 첫 출간된 1946년 당시 100,000여 권이라는 판매고를 올리며 센세이션을 일으켰고 무차별적인 핵무기 확산을 막는 데 결정적인 역할을 한다. 대중의 언어로, 핵분열이라는 막대한 에너지 분출을 가능케 한 과학적 원리부터 차근차근 설명하고 있는 이 책은 군사전략의 영역으로, 국제정치의 영역으로 거침없이 이어진다. 당대 최고 지성들의 난상토론이 고스란히 녹아 있는 페이지들을 넘기다 보면 미래를 그대로 예견한 그들의 통찰력에, 때로는 시대적 한계에 갇힌 순진함에 현재 독자들로 하여금 많은 생각들을 불러일으킨다. 그러나 분명한 것은 모든 것을 뒤바꿀 압도적인 힘을 맞닥뜨린 가운데, 한자리에 모여 위기를 극복하기 위한 토론을 벌이고 있는 그들의 모습이 현시대 최대 변혁을 예고하는 인공지능의 개발 속도에 대해 말하고 있는 우리에게 큰 영감을 준다는 사실이다. 히로시마에 원자 폭탄이 투하되고 불과 몇 개월 뒤에 이뤄진 이런 신속하고 진지한 토론 덕분에 제2차 세계대전 이후 UN의 사찰 활동과 강대국 간의 군비감축 협상 등, 현재 우리가 알라고 있는 세계질서의 기본 체계가 갖춰질 수 있었다. 지금의 시점으로 보면 다소 순진하고 낭만적으로 보이는 세계정부 구성에 관한 강력한 촉구마저도 현재의 우리에게 스스로를 돌아볼 수 있는 시사점을 던져 준다. "원자 폭탄 이후의 세계는 어떻게 진행되어 왔으며, 당대 최고 지성들이 내놓았던 해결책들 중 성취된 것은 무엇이고 좌절된 것은 무엇인가?", "과연 우리는 미래를 위한 준비가 되어 있는가?"

과학, 밀리터리, 국제정치... 각각의 마니아들을 위한 종합선물 세트!

아인슈타인, 닐스 보어, 어빙 랭뮤어, 해럴드 유리, 아서 콤프턴과 같은 당대의 노벨상 수상자들과 이후 노벨상을 수상한 유진 위그너, 한스 베테, 그리고 퓰리처상을 수상한 전설적인 언론인 월터 리프먼, 현역 미 공군 참모총장 H. H. 아널드 등【One

World or None/하나의 세계, 아니면 멸망】에 참여한 저자들의 면면은 과연 당대 최고의 지성들이라 칭할 만하다. 여기에 더해 맨해튼 프로젝트에 직접 참여했던 캐서린 웨이와 제2차 세계대전 당시 미군의 비밀 간행물 제작을 주도했던 덱스터 마스터스가 편집자로 참여하여 각각의 저자들이 강조한 요점들을 유기적으로 배치하는 데 성공하였다. 일례로 "이것은 별과 함께 이어 온 오래된 이야기다"라는 제하의 장에서는 태양광을 측정하려는 노력이 지질학자들의 화석 채취를 거쳐 어떻게 핵분열 발견으로 이어졌는지 매우 흥미롭게 알려주면서 과학 마니아들의 지적 호기심을 이끌고 있다. 이어 "원자 시대의 공군"이라는 제하의 장에서 당시 미 공군의 현역 참모총장이었던 H. H. 아널드 장군이 실무자 입장에서 풀어 놓은 원자 폭탄 이후의 무기 체제에 대한 전방위적 분석은 제2차 세계대전 후 군사전략을 세밀하게 보여줌으로써 밀리터리 마니아들에게 압도적이고 전문적인 재미를 선사할 것이다. 또한 퓰리처상 수상자 월터 리프먼이 기술한 "원자 에너지의 국제 관리"에서 조약, 전

쟁 협약, 국제 연맹 규약 등의 위반에 대한 책임을
익명의 공동체 집단인 국가가 아니라 그 행위를 한
당사자 개인에게 지우게 하는 원칙"이 국제사회 전
반에 자리잡혀 가는 과정을 보면, 현재 우리가 살
고 있는 세상의 질서가 어떤 이념을 기반으로 하
고 있는지에 대한 관점이 활짝 열리게 될 것이다.
이 모든 통찰이 한 권으로 묶인【One World or
None/하나의 세계, 아니면 멸망】! 당신도 이 책이
왜 희대의 명저인지 직접 체험해 보기를 바란다.

닐스 보어 vs. 아인슈타인, 천재들의 브레인스토밍!
【One World or None/하나의 세계, 아니면 멸망】
의 편집자, 캐서린 웨이와 덱스터 마스터스는 편집
자 전언에서 이렇게 밝히고 있다. "원자 재앙을 어
떻게 피할까 하는 문제는 아직도 우리에게 매우
생소한 분야이다. 현재로서는 임시방편들 외에 제
대로 된 해결책을 기대하기 어려운 상황이며, 그
임시방편들이 좀 더 구체적이고 명확해지기를 바
랄 수밖에 없다. 다음 장부터는 이 문제에 대한 일
반적인 접근 방법들이 제시된다. 저자마다 접근 방
법이 다르며 일부 의견은 정반대 관점을 취하고 있

다. 그러나 이는 유익한 토론과 논쟁의 출발점으로 볼 수 있다. 모든 저자가 동시에 한 가지 의견만을 가져야 하는 것은 아니다. 그러나 다 같이 '하나의 세계'를 염원하고 있으며, 그 뜻을 이루기 위하여 여기에 제시된 제안들을 공정하고 신중하게 고려할 것을 촉구하고 있다는 점에서 모든 저자가 한마음 한뜻이다." 이들이 밝힌 바와 같이【One World or None/하나의 세계, 아니면 멸망】에는 저자들 간의 다른 관점들이 숨김 없이 드러나 있다. 이를 테면, 국제질서에 대한 아인슈타인의 관점은 다소 과격하지만 구체적이다. "앞서 서술된 개요가 현재 우세한 군사 강대국들에게 지나치게 지배적인 역할을 부여한다는 인상을 줄 수도 있다. 그러나 나는 이러한 과업의 본질에 내재된 문제보다는 훨씬 더 심각한 장애물들을 피하기 위하여, 신속한 현실화를 목표로 이 난제를 이해시키고 해결책을 제시하고자 노력하였다. 크고 작은 '모든' 국가들보다는 최고의 군사 강대국들끼리 사전 협약에 도달하는 편이 한결 수월하다. 모든 국가에서 선발된 대변자 조직은 워낙 서투른 매개체인지라,

사전 결과를 신속하게 도출하는 데에도 애를 먹을 것이 뻔하기 때문이다"이에 비해 닐스 보어의 관점은 온건적이지만 다소 모호하다. "물론 이것은 지금까지 국익을 보호하기 위하여 반드시 필요하다고 여겨졌던 장벽이 제거되어야만 한다는 뜻이지만, 전례 없는 위기에 맞닥뜨린 지금, 바로 그 장벽이 공동 안보를 방해하고 있으므로 이는 합당한 조치이다. 이 위태로운 상황을 바로잡기 위해서는 모든 국가의 선의가 필요하다. 또한 문명사회에 치명적인 위협이 될지 모르는 문제를 해결해야만 한다는 점을 명심해야 한다. 우리는 확고한 기반을 모색해 세계 안보에 앞장서야 하며, 이는 기본 인권을 수호하기 위하여 단결하였던 모든 국가들이 현재 만장일치로 의견을 전하고 있는 부분이다." 두 위대한 과학자가 양자역학 이외의 영역에서도 스타일상 이처럼 묘한 대립점에 서있는 것이 무척 흥미롭다. 그런데 이런 대립점은 한 인물 속에서 동시에 존재하기도 한다. 바로 오펜하이머! 원자 폭탄의 등장에 가장 주도적인 역할을 했던 그가 쓴 5장 "신무기: 서서히 옥죄이는 나사"를 보면 원자 폭탄이 보여준 가공할 만한 파괴성에 대한 경계과 동시에 참신함으로 가득 찬 과학적 성취에 대한 자부심이 은밀하게 읽히는 듯하다. 이처럼 인류사 최고 천재들의 내면까지 살필 수 있는 【One World or None/하나의 세계, 아니면 멸망】은 과학에세이의 정점으로서, 지적 모험을 떠나고 싶은 이들에게 놓칠 수 없는 한 권이 될 것이다.

도서문의 담당자 이메일

humancomedy@paran.com

〈언론사 보도 현황〉

연합뉴스

(서울=연합뉴스) 송광호 기자 = ▲ 하나의 세계, 아니면 멸망 = 알베르트 아인슈타인·한스 베테 등 지음. 박유진 옮김.
"문명사회는 지금껏 경험해보지 못한 위태로운 시험대에 오른 셈이다."

닐스 보어는 원자력과 양자역학 연구로 1922년 노벨상을 받은 20세기 초의 걸출한 과학자였다. 당대 최고의 물리학자 중 한명이었던 그는 제2차 세계대전 시기 핵무기 개발 프로젝트 '맨해튼 프로젝트'에 동참했다...

기사 링크

이외에도 인천일보, 한국경제, 헤럴드경제 등에 기사 게재 (검색 키워드: 하나의 세계 아니면 멸망, 인간희극)

III
메모의 방법론

방법론의 양면성

나는 생각이 많은 편이다. 그중 대부분은 부정적인 생각이다. 그런데 언제부턴가 부정적인 생각을 걸러내는 것보다 차라리 생각의 총량을 줄이는 게 더 현실적이지 않을까 하는 나름대로의 결론을 내리게 되었다. 그럼 어떻게 생각을 줄일 것인가? 그건 바로 생각을 글로 써두는 것이다. 그러면 적어도 반복적인 생각은 걸러진다. 내 생각이 어떤 테두리 안에서 맴돌고 있는지 눈으로 확인하게 되기 때문이다. 이것이 내가 메모에 대해 진지하게 고려하게 된 시작점이었던 것 같다. 여기에 더해 비교적 최근에 생긴, 메모로 향하는 또 다른 생각의 갈래가 있다. 바로 효율에 대한 고민이다. 뜻밖에도 이런 고민은 달리기를 하면서 시작됐다. 운동 앱에 차곡차곡 쌓여가는 마일리지를 확인하다가 문득 이 운동 앱이 내 한 걸음 한 걸음을 하나도 놓치지 않고 기록하듯이 내 생각의 작은 조각 하나하나도 빠짐없이 저장할 수 있는 방법은 없을까 하는 궁리를 하게 된 것이다. 물론 꾸준히 메모하는 습관을 들이고 일정 시간이 지나면 만만치 않은 양이 쌓이게 될 것이다. 그러나 단순히 쌓아두기만 하면 그건 저장이라기보다는 쟁여두기에 가깝다. 저장은 언제든 다시 꺼낼 수 있다는 것을 전제하고 있지만 쟁여두기는 언제 다시 보게 될지 기약이 없다. 마치 다 먹을 수 있든 말든 도토리를 발견하는 대로 여기저기에 잔뜩 파묻어 놓지만 그 사실을 곧잘 잊어버리고 마는 다람쥐와 같은 행동이다. 이런 다람쥐의 건망증 덕분에 수많은 참나무들이 새로 자라난다고 하는데, 쟁여 둔 메모는 그런 의외의 보람도 없이 그냥 썩어버릴 것이다. 이런 이유로 우리는 효율적인 방법을 찾게 된다. 어떻게 하면 생각의 낭비를 막을 수 있을까? 그런데 방법론이란 죄책감을 불러일으키는 단어이기도 하다. 묵묵히, 꾸준히 이뤄낼 생각은 안 하고 그저 손쉬운 방법을 찾아 다니니 이렇게 발전이 없는 게 아닌가 하는 생각에 휩싸이기도 하는 것이다. 그럼에도 게으른 자의 숙명처럼 나에게 딱 맞는 요령이자 수법을 찾아나서게 된다. 그러다 '제텔카스텐'이라는 책이 눈에 들어왔다. 다음 페이지는 '제텔카스텐'을 기획하게 된 과정을 적어 둔 것이다.

제텔카스텐_1

처음 제텔카스텐이라는 개념을 접한 것은 '월경하는 지식의 모험자들'(2003년, 한길사)이라는 책을 통해서였다. 제목처럼 뭔가 경계에 도전하는 학자들을 소개한 책이었는데 독일의 사회학자 니클라스 루만에 대한 내용이 눈길을 끌었다. 루만은 '1인 이론 공장'이라고 불릴 만큼 수많은 논문과 책들을 남겼고 스스로 밝히길, 이런 다작의 비법은 자신의 제텔카스텐, 즉 메모 상자이며 이 메모 상자에 일정량의 메모가 잘 분류된 상태로 모이면 일종의 자동생산체계가 가동되어 쉼 없이 글을 쓰는 것이 가능해진다는 내용이었다. 글쓰기에 자동생산체계를 도입한다는 말은 아마 글과 관련된 직종을 가진 모든 사람들을 솔깃하게 만들 수밖에 없을 것이다. 하지만 이때는 그냥 그런 게 있구나 하고 넘어갔던 것 같다. 그러다가 한 웹진에서 루만의 메모 상자가 오늘 날 스마트 노트 앱에서 활용되는 해시태그, 하이퍼링크, 백링크 같은 개념들과 연결된다는 내용을 맞닥뜨렸을 때는 조금 느낌이 새로웠다. 아마도 제텔카스텐이 구닥다리 방법론이 아니라 디지털 프로그램으로도 적용 가능하다는 낌새를 그제야 느꼈기 때문일 것이다. 이때부터 종종 니클라스 루만이나 제텔카스텐이란 단어를 검색해보는 습관이 생겼는데 2020년 가을쯤부터 계속 'How to take Smart Notes'라는 책이 연관 검색어로 눈에 띄었다. 유튜브에서도 트위터에서도 "이 책 읽어 봤냐, 이 책이 그동안의 내 학습 습관을 완전히 바꿔놓았다, 이 책의 내용에 대해 함께 토론해 보자 등등" 국적을 가리지 않고 이 책에 대해서 한 마디씩 언급하는 수많은 사람들을 보게 된 것이다. 나중에 알게 됐지만 이 책이 제텔카스텐에 관한, 비독일어로 출간된 거의 첫 책이었다. 그동안 제텔카스텐이 그 명성에 비해 전 세계적으로 널리 퍼지지 않은 건 영어로 된 책이 없었기 때문이란 걸 깨달은 저자가 원래 독일어로 쓴 이 책을 직접 영어로 번역해서 재출간한 것이었다. 덧붙여 이 책이 처음 출간된 2017년보다 최근에 거의 역주행이라고 할 만큼 폭발적인 관심을 받게 된 건 '롬 리서치(roam research)'라는 스마트 노트

프로그램 개발자들이 이 책과 롬 리서치 사이의
연관성에 주목하면서 독서 클럽과 저자 초청 강연
회 등을 통해 적극적으로 홍보에 나섰기 때문이었
다. 아무튼 이 책의 한국어판을 꼭 출간해야겠다
는 생각에 저자에게 직접 한국어 판권이 유효한지
문의했고 마침 국내에 있는 에이전시를 소개받아
판권계약에 성공하게 되었다. 이 책의 중개를 맡아
준 에이전트도 노션(notion)을 통해 판권 홍보 및
계약 스케줄을 효율적으로 관리하고 있을 만큼 이
분야에 관심이 많은 사람이라 훨씬 신속하게 계약
이 이뤄졌었던 것 같다. 이렇게 출간된 '제텔카스
텐'은 사실 방법론에 집중하고 있는 책은 아니다.
저자가 말하길 사람들은 뭔가 대단한 일을 이루려
면 굉장히 복잡하고 어려운 방법이 필요하다고 착
각하는데 전혀 그렇지 않다고 한다. 제텔카스텐을
하는 방법도 어찌보면 싱거울 정도로 간단하다.
"자신만의 언어로 메모를 써서 그 메모들을 연결
하라", 이게 핵심적인 방법이다. 물론 스마트 노트
앱들과 연결시키려면 기술적인 문제들을 좀 더 공
부해야겠지만 이 책에서 강조하고 있는 부분은 왜

메모를 쓰고 연결해야만 하는지 스스로 확신하게 만드는 것이다. 스스로 확신하지 못하면 계속 해나갈 수 없기 때문이다. 그래서 이 책에는 심리학, 철학, 예술 등등 각 분야의 예시와 연구 결과들을 통해 독자들에게 확신을 심어주려는 저자의 노력으로 가득 차 있다. 아마도 이러한, 어찌보면 순수한 열정이 수많은 팬들을 양산한 것이 아닐까 한다.

다음 페이지는 '제텔카스텐'을 편집하며 적어 둔 메모들을 정리한 일종의 독후감이다.

제텔카스텐_2

메모의 중요성을 강조하는 책들은 무수하게 많다. 순간순간 떠오르는 아이디어들, 책을 읽으며 마음에 와닿는 문구들, 기억해야 할 업무 지침 등등, 메모를 해두면 나중에 활용할 수 있지 않을까 하는 기대감으로, 혹은 그냥 습관적으로 착실하게 메모들 모아두는 사람들도 주변에 꽤 보인다. 물론 꼼꼼하게 메모를 모아두는 습관은 긍정적이다. 일단 기록해 두면 기억해야 한다는 부담감을 내려놓고 새로운 정보나 창의적인 작업에 몰두할 수 있기 때문이다. 그러나 단순히 메모를 모아두는 것만으로는 아무것도 이룰 수 없다는 문제점을 발견한 사람이 있다. 바로 독일의 사회학자 니클라스 루만이다. 루만은 고심 끝에 그동안 사람들이 해왔던 일반적인 메모 앞에 '임시(fleeting)'라는 단어를 덧붙이기로 한다. 이런 임시 메모는 아무리 쌓아놓아 봤자 나중에 활용하기가 몹시 어렵다. '내가 이만큼 메모를 많이 했구나'하는 심리적인 만족감을 줄지는 모르겠지만 논문을 쓴다거나, 책을 집필한다거나, 보고서를 작성한다거나 하는 실제적인 작업을 하려고 할 때면 뿔뿔이 흩어져 있는 메모는 거의 도움이 되지 않는다. 니클라스 루만의 문제의식은 여기에서 출발한다. 메모는 그냥 내버려두지 말고 발전시켜야 한다. 책에서 얻은 내용은 문헌 메모로, 자신만의 고유한 생각을 담은 내용은 영구 메모로, 이렇게 임시 메모를 탈바꿈시켜 두지 않으면 나중에 그 수많은 메모들은 아무 의미도 가지지 못하게 된다. 이렇게 해서 우리가 '메모'라고 퉁쳐서 부르던 것들은 다음의 세 가지로 분류되기 시작한다: **임시 메모, 문헌 메모, 영구 메모** 그리고 각각의 메모가 가진 특성들을 정리하면 아래와 같다.

임시 메모

언제: 독서 중/독서 후/아이디어가 떠오를 때 등등

보관: ×

형식: ×

관련 도구: 연필, 종이, 메모장 등등. 임시 메모를 보관하지 않는 이유는 신속하게 문헌 메모나 영구

메모로 발전시키라는 의미. 임시 메모가 쌓였다는 건 그만큼 메모를 자신만의 생각으로 발전시키는 것을 게을리 했다는 뜻.

문헌 메모

언제: 임시 메모가 모였을 때

보관: ○

형식: 본문을 단순히 인용하는 것이 아니라 내용을 이해하고 자기만의 문장으로 '번역'하여 적는다. / 기계적인 분류가 가능하도록 "저자명_제목"을 명기한다.

관련 도구: 문헌 메모를 abc나 가나다순으로 정리하고 검색할 수 있는 프로그램들. 조테로, 워드, 리브레 오피스 등

영구 메모

언제: 임시 메모와 문헌 메모가 모였을 때

보관: ○

형식: 임시 메모와 문헌 메모를 바탕으로 자기만의 생각을 자기만의 언어로 적는다. 분량은 A4지 반장을 넘지 않는 게 좋다. / 최초의 메모는 1번, 그 이

후의 메모는 기존 메모와 관련성을 생각하여 1a, 1b... 2... 등으로 고유번호를 단다.

관련 도구: 하이퍼링크, 해시태그, 백링크 등으로 영구 메모를 체계적으로 연결시키는 데 도움이 되는 앱들. 에버노트, 노션, 옵시디언, 롬리서치 등등.

"이 문구는 정말 좋으니 그대로 옮겨 적어야겠다", "나만 알아 볼 수 있으면 되지 뭐..."와 같은 생각은 임시 메모 단계에서나 통하는 변명이다. 책을 통해 이해한 내용은 그대로 베껴 적는 것이 아니라 자기만의 언어로 '번역'하여 적어두어야 한다. 이것이 바로 문헌 메모의 핵심이다. 그리고 임시 메모는 나만 알아볼 수 있고 다른 사람이 보면 암호 같이 보이는 문장도 상관 없지만 더 발전된 자기만의 생각을 담으려면 내가 아닌 다른 누가 봐도 이해할 수 있는 완전한 문장으로 적어야 한다. 이것이 영구 메모의 핵심이다. 위와 같은 내용이 제텔카스텐 메모법의 거의 모든 것이다. '제텔카스텐'의 저자 숀케 아렌스는 "뭔가 엄청난 결과는 낳으려면 그 과정도 굉장히 어렵고 복잡해야 한다"는 착각을 버리라고 강조한다. 제텔카스텐 메모법 자체는 너무나 심플해서 "이게 다야?"하는 의아함을 일으키기 십상이다. 그런데 정말 이게 다다. 그러니 뭐가 더 있지 않을까 하면서 기발한 메모법을 찾아 헤매는 일은 더 이상 그만 두길 바란다. 그런 고민을 할 시간이 있다면 영구 메모를 서로 어떻게 연결시킬까 하는 데 더 많이 몰두하기를 바란다. 제텔카스텐의 핵심은 각각의 아이디어를 미리 연결시켜놓는 것이다. 그런 점에서 아날로그 시대에 온갖 기호들을 통해 생짜로 메모들을 연결시켰던 니클라스 루만 박사보다 우리는 훨씬 유리한 입장이다. 한 번의 클릭으로 관련 사항들을 주욱 펼쳐주는 간편한 디지털 앱들이 있기 때문이다. 슬기로운 메모 생활은 의외로 가까운 곳에 있다. 메모들을 그냥 남겨두지 말고 나중에 활용할 수 있는 문헌 메모와 영구 메모로 바꿔두는 습관을 들이자. 당신의 메모 생활은 지지부진했던 어제와 영원히 이별하게 될 것이다.

결국 검색, 대상은 내 머릿속

'제텔카스텐'의 저자 숀케 아렌스 박사는 메모법 자체보다는 메모들을 왜 서로 연결시켜 두어야 하는지 그 이유에 대해서 더 많은 페이지를 할애하고 있다. 각각의 '영구 메모'들은 더할 나위 없이 훌륭한 내용을 담고 있는데 정작 필요한 순간에 바로 찾을 수 없다면 그 활용도는 극히 떨어질 수밖에 없다. 그래서 어떤 주제가 떠올랐을 때 그동안 내가 써온 메모들 중 그 주제와 관련된 메모들만 쉽게 추려낼 수 있는 방법을 마련해 두는 것이 현명할 것이다. 그러고 보니 딱 떠오르는 것이 있다. 바로 구글, 네이버, 다음 같은 포털 사이트들이다. 검색창에 어떤 단어를 입력하면 관련된 정보들이 주욱 나열되고, 우리는 그 정보들을 뉴스, 블로그, 카페 등등의 분야별로, 혹은 최신순, 용량순, 인기순 등등의 기준으로 재배열해 볼 수도 있다. 바로 이런 알고리즘을 개인적으로 스스로의 뇌에 적용해 보는 것이 바로 제텔카스텐이라고 단정지어도 크게 틀린 말은 아닐 것이다. 그동안 쌓인 메모가 1,000장 정도라고 해보자. 각각의 메모들을 저장할 때마다 주제별로 1, 2, 3...... 그리고 하위 개념에는 1a, 2a, 3a... 등등의 번호를 매기는 일을 잊지 않고 해두었다면 당신은 그저 메모를 날짜순으로 쌓아온 사람보다는 분명 지금 이 순간 필요한 정보를 훨씬 빠르게 찾을 수 있을 것이다. 정보를 한눈에 보여주는 가장 대표적인 방식은 아웃라이너(outliner)일 것이다. 상위개념에서 하위개념으로 내려갈수록 점점 들여쓰기를 해서 시각적으로도 정리된 느낌을 주는 방식이다. 1,000개의 메모가 이 아웃라이너 방식으로 정리되어 있다고 한다면 분류가 다소 어설프고 억지스럽다고 해도 뿔뿔이 흩어져 있는 메모보다는 백배, 천배 더 효율적이지 않을까? 아웃라이너 방식으로 메모를 정리해주는 어플은 너무 많아서 다 헤아리기 어려울 정도다. 많은 사람들이 사용하는 에버노트, 노션 등에서도 가장 기본적으로 제공되는 분류법이 바로이 아웃라이너다. 이어 최근에 각광받기 시작한 옵시디언이나 롬 리서치 같은 앱들에서는 [[ ]], 즉 겹대괄호 안에 묶인 주제어들을 바탕으로 마치 뉴런으로 복잡하게 연결되어 있는 우리의 뇌처럼 메모들의 연관성을 그래픽화 해주기도 한다. 사실 제텔카스텐에서 메모를 연결시키는 방법은 각 개인의 개성이 드러날 수밖에 없다. 꼭 이렇게 해야 한다는 공식이 있는 것이 아니라 내 머릿속에 담긴 수많은 정보들을 어떻게 신속하게 검색할 수 있을까, 또 필요에 따라 어떻게 일목요연하게 나열할 수 있을까를 찾아가는 다양한 방식이 있을 수 있다. 마치 동일한 결과물이 나오더라도 프로그래머에 따라 서로 다른 방식의 코딩을 추구하는 것처럼 말이다. 정리하는 의미로 다시 한번 말하자면, "제텔카스텐은 내 머릿속에 검색 사이트를 만드는 작업이다." 개인적으로, 이 문장을 떠올린 것만으로도 제텔카스텐의 본질을 이해하는 데 큰 도움이 된 것 같다. 하지만 때때로 본질보다는 천상의 방법론을 찾아 헤매는 버릇이 되살아나곤 한다. 부끄러운 고백이지만 한때 스토리 작가를 꿈꾸던 시절, 붙박이 데스크탑에 싫증을 내며 노트북만 있으면 글을 좀 더 자유롭게 쓸 수 있을 거라고 생각했다. 그런데 드디어 노트북이 생긴 지 얼마 지나지 않아

그래도 손으로 직접 쓰는 게 최고라는 변덕이 슬며시 고개를 들었고, 200자 원고지 모양을 축소한 스탬프를 제작해서 수첩에 찍고 다닌 적도 있었다. 물론 그 유난을 떨고도 나는 제대로 된 단 한 편의 이야기도 쓰지 못했다. 지금은 어떤가? 앞서 제시했던 보도자료를 작성하기 위한 메모를 나는 갤럭시 스마트폰에 기본적으로 내장된 삼성노트 앱에 쓰고 있다. 다른 이유는 없다. 항상 손에 가까이 있기 때문이다. 그리고 다른 기능은 전혀 사용하지 않고 돋보기 아이콘에 필요한 검색어를 입력하면 추려지는 메모들을 보며 슬슬 작업에 시동을 건다. 여전히 미진하고, 샛길로 빠지고, 더 손쉬운 방법이 없나 기웃거리지만 아무것도 완성하지 못했던 때보다는 조금이나마 앞으로 나아갔다고 스스로를 다독인다.

도착

언제나 할 일은 태산이다. 최근에 편집한 업무용 글쓰기에 대한 어떤 책의 저자는 일은 어차피 끝나지 않는다는 사실을 받아들이라고 권고한다. 내가 유난스러운 것일 수도 있지만 편집자에게도 오늘은 여기까지! 라고 딱 종결 지을 선이 없는 듯하다. 그럼에도 미래의 내가 뭔가를 완결할 수 있다면 그건 순전히 과거의 내가 쓴 메모들 덕분일 것이다. 지금은 유명을 달리한 친구의 말이 떠오른다. 한 번에 십수 권의 책을 사서 읽는 열혈 독자였던 그 친구에게 업자의 입발림 소리로 "요즘 책 값 많이 비싸지?"라고 묻자 그 친구는 이렇게 말했다. "아니, 나는 책만큼 싼 게 없다고 생각해. 책은 자기가 아는 걸 다 털어 놓잖아. 현실 속에서 생전 처음 보는 사람한테 그렇게 해주는 사람이 있겠어?"

나는 다 털어놓았나? 생전 처음 보는 사람의 글을 읽어 준 독자들께 그저 감사할 따름이다.

메모의 즉흥성과 맥락의 필연성

초   판 인쇄   2024년 1월 30일
1   쇄 발행   2024년 2월 15일

지 은 이 김영수
펴 낸 이 이송준
펴 낸 곳 인간희극
등   록 2005년 1월 11일 제319-2005-2호
주   소 서울특별시 동작구 사당동 1028-22
전   화 02-599-0229
팩   스 0505-599-0230
이 메 일 humancomedy@paran.com

ISBN 978-89-93784-80-0 02700

66

그럼에도 미래의 내가 뭔가를 완결할 수 있다면,
그건 순전히 과거의 내가 쓴 메모들 덕분일 것이다.

99

ISBN 978-89-93784-80-0

03750

9 788993 784800

값 7,500원